現在	過去・複合形
ir, -re, -oir	avoir / être
-ant	-é, -u, -t, -i, -s

s	vous	ils, elles	人代 / 法・時制
ns	-ez	-ent	直現在
ns	-iez	-aient	直半過
ns	-rez	-ront	直単未
ns	-riez	-raient	条現在
ns	-iez	-ent	接現在
ns	-ez		命現在

〜・条件法過去, 接続法過去) は
) からつくる
未来   j'aurai aimé
牛法過去 j'aurais aimé
続法過去 j'aie aimé

ir : je sache

yons
oyons
lions
oulions
alions

〈e〉**命令法語幹**：直説法現在の活用に準ずる
　　　　　　　（例外は接続法現在に対応）

　　例外 **avoir** : aie, ayons, ayez
　　　　être : sois, soyons, soyez
　　　　savoir : sache, sachons, sachez
　　　　vouloir : veuille, veillons, veuillez

語尾

〈f〉**不定詞語尾**： -er -ir -re -oir の型がある

〈g〉**現在分詞語尾**： -ant ⇨ 語幹は nous -ons の - の部分
　　例外 **être** ⇨ étant　**avoir** ⇨ ayant, *etc.*

〈h〉**過去分詞語尾**：次の5種類 -é -i -u(-û) -s -t
　　■ -é：-er 型ならびに **être** (été), **naitre** (né)
　　■ 残り4種は語尾が -ir 型, -re 型, -oir 型のいずれか

〈i〉**直説法現在語尾**

　　(avoir, être, aller, faire, dire を除く)
　　■ **e 型**：第1群規則動詞 -e・-es・-e / -ons・-ez・-ent
　　■ **s / t 型**：第2群規則動詞 (不定詞語尾が -ir の動詞の大半)
　　　-s・-s・-t / -ons・-ez・-ent
　　■ **s / − 型**：主に語幹が -d, -t, -c で終わる動詞
　　　-s・-s・− / -ons・-ez・-ent
　　　例 **entendre** : il entend　**mettre** : il met
　　■ **x / t 型**：pouvoir / vouloir / valoir の3動詞
　　　-x・-x・-t / -ons・-ez・-ent

〈j〉**命令法語尾** -e / -s -ons -ez (tu / nous / vous)

　　■ -er 動詞 (tu -es), aller, ouvrir (tu -s) 等は直説法現在
　　　の "s" を削除する

〈k〉**直説法半過去・直説法単純未来・条件法現在語尾**：
全動詞共通 ⇨ 表の通り

〈l〉**接続法現在語尾**
　　⇨ 3人称単数で -t-

● 音声について ●

音声は、弊社 HP より無料でダウンロードいただけます。
下記、URL を入力するか、弊社 HP から「[新版] ケータイ [万能]
フランス語ドリル」を検索しダウンロードしてください。

http://www.e-surugadai.com/books/isbn978-4-411-00550-2

有料で、別途 CD にしたものもご用意しています。
お近くの書店でご注文ください。

[新版] ケータイ [万能] フランス語ドリル (CD)
定価 (500 円＋税)
978-4-411-10550-9

※音声無料ダウンロードサービスは予告なく中止する場合があります。ご了承ください。

本書について

本書は、『フランス頭の基本を作る文法問題集』の一部に新しい編集を加え、
改題したものです。

[新版]
ケータイ[万能]
フランス語ドリル

Petit à petit l'oiseau fait son nid.

久松健一 著
HISAMATSU Ken'ichi

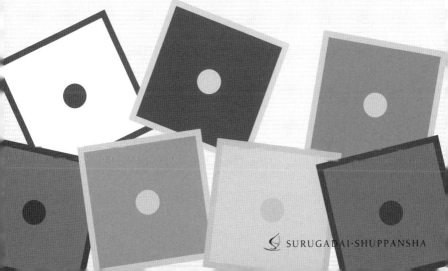

SURUGADAI-SHUPPANSHA

本書をお使いになる皆さまへ

　厚手の語学書を前に，1人でじっくりと文法の力を固めていける人はそう多くいるものではありません．外国語を学習する際に，文法の効能はわかっていても，なかなか1冊の書物を読了するのは容易ではないですし，まして，その内容を理解し，実際に運用できるレベルに達するとなると至難の業．それより，**効率的で実践的な学習法は**，応用展開が可能な**練習問題を「手で」「耳で」「目で」解答しながら**（さまざまな試行錯誤やかずかずの間違いを通じ，ときには辞書と格闘しながら）**文法・語法に自分なりのペースでなじむ**．そんな学びです．

　拙著『ケータイ〈万能〉フランス語文法』に準拠する形で，あわせて"聞いて書く力を養成する"『フランス語拡聴力』の基礎編として，必須文法・語法を着実に定着させるために本書を編みました．もちろん現在お使いの教科書・参考書類にも対応していますし，本書単独でも解答できます．解説も詳しく載せました．

　大学・短大・語学学校などで講義を受けると，はじめて耳にする文法事項にとまどい，自力で問題を解くことを怠って，あっという間に「文法嫌い」「フランス語嫌い」になってしまう人たちがいます．でも，算数（数学）を学ぶ際に九九が暗記できていなければ，その先に進むことがかなわないように，フランス語にも地道な努力を要する学習事項があります．目標が高尚な文学鑑賞でも，文化研究でも，たとえ簡単な日常会話が目的であったとしても，すべて基礎となる学習があって

の話．なのに，努力をせずに**「フランス語が使えない！」と短絡的に結論を下してしまいがち．そんな人への朗報**となればと心から願っています．

　なお，「新版」では「20の必須文法を確認するための仏作文」をディクテにも対応できる形に編集し直しました．また，音源はダウンロード形式（無料）とCD（有料）の2つの選択肢を用意しています．

　始めてみれば歯ごたえを感じる部分もある「（くせもの）ドリル」なのですが，その分，やり遂げた際の充実感は格別！　その時点で，フランス語の基礎に穴はないはずです．

　　　2019年　3月吉日

著　者

目次

発音編 ... 1
1	アルファベ・文字を読む基本ルールに親しむ	2
2	単独音と文全体のイントネーションをつかむ	4
3	聞きとりづらい音や音のつながりを理解する	6

入門文法編 ... 9
4	前提のチェック	10
5	入門基礎会話	12
6	名詞の男女の別を覚えよう	14
7	冠詞の使い分けを知ろう	16
8	形容詞の位置と形に注意	18
9	第1群規則動詞	20
10	指示形容詞・所有形容詞	22
11	第2群規則動詞	24
12	否定文・疑問文	26
13	aller, venir と冠詞の縮約	28
14	基本6文型	30
15	入門文法編・総復習	32

初級文法編 ... 35
16	疑問副詞・faire と prendre	36
17	疑問形容詞	38
18	数詞	40
19	疑問代名詞 ①	42
20	非人称構文	44
21	補語人称代名詞	46

22	準助動詞	48
23	その他の重要動詞の直説法現在	50
24	比較	52
25	tout と指示代名詞	54
26	数量副詞	56
27	代名動詞	58
28	命令法	60
29	副詞	62
30	初級文法編・総復習	64

中級文法編　　　　　　　　　　　　　　　　　　　　　　　67

31	直説法複合過去	68
32	関係代名詞 ①・強調構文	70
33	疑問代名詞 ②・関係代名詞 ②	72
34	直説法半過去（**vs** 複合過去）	74
35	直説法大過去	76
36	直説法単純未来・直説法前未来	78
37	受動態	80
38	現在分詞・ジェロンディフ	82
39	条件法現在・過去	84
40	中性代名詞・所有代名詞	86
41	不定形容詞・不定代名詞	88
42	接続法現在・過去	90
43	話法・時制照応	92
44	感覚・使役動詞／比較表現補足	94
45	中級文法編・総復習	96

20 の必須文法・話法を確認するための仏作文（ディクテ形式にも対応）... 99

§ 1	冠詞	100
§ 2	名詞・形容詞の複数／女性形	100
§ 3	指示形容詞・指示代名詞	101
§ 4	所有形容詞・所有代名詞	101
§ 5	疑問形容詞・疑問代名詞	102
§ 6	疑問副詞	102
§ 7	関係代名詞	103
§ 8	人称代名詞・中性代名詞	103
§ 9	直説法現在	104
§10	直説法複合過去	105
§11	直説法半過去	105
§12	直説法大過去	106
§13	直説法単純未来	106
§14	直説法前未来	106
§15	条件法現在・過去	107
§16	接続法現在・過去	108
§17	命令法	109
§18	分詞・ジェロンディフ	109
§19	不定詞	109
§20	基本動詞の射程	110

解答・解説編 ... 113

動詞〈語幹・語尾〉の展開 ... 表見返し

発音編

　『ケータイ〈万能〉フランス語文法』（駿河台出版社）の **pp. 2-30** に記した事項を確実に自分のモノにすることを目的とした章です（フランス語をはじめて最初の数週間で学習する内容）．

　語学学習における「発音」の大切さは言うまでもありません．しかし，実際には，発音規則にいたずらに過敏になったり，英語発音との違いが判然としないうちに講義が先に進んでいってしまったりして，単語も，文章も中途半端にしか読めないままどんどん時間が流れていく—そんな悲しい状況に陥る人たちが少なくないようです．でも，フランス語の発音は「肺に吸い込んだ空気を喉を通じて口から外に出す行為」，所詮，日本語と同じことをするだけの話．

　なのに，綴りと音の関係がつかまえられないまま興味を失っていく人たちが後を絶ちません．必要最低限の訓練・練習を怠っているとしか思えません．せめて"あなた"は，そんなことにならないように，**以下の練習問題を自力で解き，音声を聞き，声を出して，発音の基礎を自分のモノにしてください．**

　なお付言すれば，語学の達人になるための"2つのちょっとした前提条件"があります．それは「おしゃべりであること」と「声が大きいこと」．口数が少なく，声の小さな人が，フランス語だけ例外的に大きな声で流暢に話せる，そんなマジックは存在しません．言い換えれば，この2つの前提に自信がおおありならば，学習成果がぐんと目に見えて具体的な形となっていくはずです．もちろん，この前提が欠けている方でも努力しだいで達人への道はひらけます．

1 アルファベ・文字を読む基本ルールに親しむ (解答 p.114)

♥ ワン・ポイント解説 ♥

(1) アルファベにはフランス語を発音する際に大切な音がたくさん入っています。ちなみに、自分の名前をアルファベで言えますか？
(2) 読まない注意： ① 語末の〈e〉は発音されません。 ② 〈h〉は読まれません。
③ 語末の子音字の多くは読まれません。

練習問題 1 ★★★★：★の数は仏検レベルの目安を表します。

音声 02 から流れる、フランスで日常アルファベだけの略語（頭文字の組みあわせ）で使われている語を聞いて、A 群からその正式名称を B 群から日本語訳を選びだしてください。

＊単語は難しいのですがポイントはアルファベの聞きとり。

1　　　　**2**　　　　**3**　　　　**4**　　　　**5**

A 群

  a. **o**bjet **v**olant **n**on **i**dentifié

  b. **R**éseau **e**xpress **r**égional

  c. **S**ociété **n**ationale des **c**hemins de **f**ers français

  d. **t**rain à **g**rande **v**itesse

  e. **u**nité de **v**aleur

B 群

  1　首都圏高速交通網

  2　(学生の取得) 単位

  3　フランス国有鉄道

  4　フランス新幹線 (高速列車)

  5　未確認飛行物体 (UFO)

練習問題 2 ★★★★★

下記のアルファベと単語を発音してください．その後で **音声 03** を使って繰りかえし練習してください（意味の不明な単語は辞書・単語集で確認ください）．

A	ami	**B**	banque	**C**	café
D	dîner	**E**	euro	**F**	fromage
G	gare	**H**	hôtel	**I**	idée
J	journal	**K**	kiosque	**L**	lion
M	maison	**N**	nombre	**O**	omelette
P	pain	**Q**	question	**R**	riz
S	sucre	**T**	théâtre	**U**	université
V	voiture	**W**	week-end	**X**	xylophone
Y	yaourt	**Z**	zéro		

練習問題 3 ★★★★★

音声 04 を聞いて，1〜3 は 4 番目／4, 5 は 3 番目に発音されている語を○で囲んでください．

	[ɛ̃]	[ɑ̃]	[ɔ̃]
1	bain	banc	bond

	[ø]	[u]	[o]
2	deux	doux	dos

	[œ]	[u]	[ɔ]
3	peur	pour	port

	[b]	[v]	
4	boire	voir	

	[r]	[l]	
5	rire	lire	

2 単独音と文全体のイントネーションをつかむ (解答 p. 115)

♥ ワン・ポイント解説 ♥

(1) 鼻母音をきちんと発音できることは"美発音"につながります．
(2) 音声を聞きながらフランス語のイントネーションをしっかりつかまえて，入門段階からできるだけなめらかにフランス語を読む習慣をつけましょう．

練習問題 1 ★★★★★

下線部の発音が違う語を○で囲んでください．

1	st<u>y</u>le	d<u>î</u>ner	m<u>oi</u>	p<u>i</u>pe
2	caf<u>é</u>	<u>é</u>tudiant	m<u>e</u>nu	<u>ai</u>mer
3	<u>s</u>imple	f<u>aim</u>	<u>s</u>ympathique	<u>a</u>nglais
4	<u>ch</u>rétien	<u>ch</u>anson	<u>ch</u>ose	mar<u>ch</u>é
5	gr<u>os</u>	r<u>ou</u>ge	bat<u>eau</u>	ch<u>au</u>d
6	blan<u>c</u>	la<u>c</u>	ave<u>c</u>	publi<u>c</u>
7	<u>im</u>portant	m<u>ain</u>	jar<u>din</u>	<u>im</u>age

練習問題 2 ★★★★

下記の単語の下線部の発音がすべて同じなら○，1つ違う語があれば△，3つともすべて発音が違う場合には × と解答してください．

1	gran<u>d</u>	cle<u>f</u>	escargo<u>t</u>	[　　]
2	m<u>eu</u>te	m<u>ou</u>	m<u>o</u>t	[　　]
3	b<u>ain</u>	s<u>ain</u>	m<u>ain</u>	[　　]
4	s<u>e</u>ptembre	m<u>e</u>rci	d<u>e</u>mi	[　　]
5	v<u>ous</u>	v<u>eau</u>	v<u>œu</u>	[　　]

練習問題 3 (読み：★★★★　文意：★★)

　フランスの名言・名句を集めたものです．この文章を **音声 05** を使って文全体のイントネーションをしっかり意識しながら，繰りかえし読む練習をしてください．1度目はゆっくり，2度目は自然なスピードで録音されています．

1　Ce qui n'est pas clair n'est pas français.

▷ Antoine de Rivarol　1784

2　Il pleure dans mon cœur, comme il pleut sur la ville.

▷ Verlaine　1874

3　Le vent se lève ! … il faut tenter de vivre !

▷ Valéry　1920

4　L'essentiel est invisible pour les yeux.

▷ Saint-Exupéry　1943

5　On ne naît pas femme : on le devient.

▷ Beauvoir　1949

6　L'homme est une invention dont l'archéologie de notre pensée montre aisément la date récente.　Et peut-être la fin prochaine.

▷ Michel Foucault　1966

✼単調な練習だと毛嫌いされる方もおいででしょう．でも，フランス語の文章を音読できるようにするには避けて通れない練習です．流暢な発音をしようと妙に意識する必要はありません．ただ，耳をすませて，音をしっかりとらえ，イントネーションを意識しつつ繰りかえし練習するのがポイント．**Bon courage !**

3 聞きとりづらい音や音のつながりを理解する (解答 p.116)

♥ ワン・ポイント解説 ♥

(1) 聞きとりのときに間違えやすい語に注意.
(2) 初級レベルから,リエゾン,アンシェヌマンなど音のつながりをしっかり耳で聞きとる練習をしましょう.

練習問題 1 ★★★★

音声 06 を聞いて,3度目に読まれている語句・文章は a., b. のどちらか答えてください.

1. **a.** deux heures
   b. douze heures 〔   〕

2. **a.** Sa grand-mère a soixante-deux ans.
   b. Sa grand-mère a soixante-douze ans. 〔   〕

3. **a.** sur la table
   b. sous la table 〔   〕

4. **a.** Il y a un ordinateur sur le bureau.
   b. Il y a un ordinateur sous le bureau. 〔   〕

5. **a.** bois privé
   b. voie privée 〔   〕

6. **a.** Tu as bu tout ça ?
   b. Tu as vu tout ça ? 〔   〕

7. **a.** Mon frère a cassé le vase.
   b. Mon frère a caché le vase. 〔   〕

練習問題 2 （読み：★★★★★　文意：★★★★）

音声 07 を聞いて，例にならってリエゾン ‿ とアンシェヌマン ⌒ の印をつけてください．なお，解答後，流れるように読めるまで何度も繰りかえし発音練習をしてください．

* リエゾン，アンシェヌマンの基本ルールが解答・解説の p. 117 に載っていますので参照してください．

例：Il⌒est‿en voyage.　彼は旅行中だ．

1　deux heures

2　un grand homme

3　Vous avez une chambre pour une personne ?

4　Elle était occupée.

5　Vous avez mal à la jambe ?

6　En août, les étudiants sont en vacances.

7　C'est à quel étage ?

8　Il a l'air bien aimable et très intelligent.

入門文法編

　『ケータイ〈万能〉フランス語文法』の **pp. 31-86** に載っている入門文法（フランス語をはじめて最初の3か月ほどで学習する事項）を練習問題を解きながら確実に自分のモノにしていきます．フランス語を組み立てるための基礎の基礎をなす部分（土台）ですから，ここにぐらつきがあれば，この先，大きな建物をその上に建立しようとしても無理な話．

　地道な努力を要する箇所ですが，ここでの努力はいわば算数の九九にあたるもの．けっして疎かにはできない大切な出発点です．

　なお，かならず **音声** を聞いて練習して下さい．音なしの語学学習では効果はあがりません．

4 前提のチェック (解答 p.118)

⇨ 姉妹編『ケータイ〈万能〉フランス語文法』(当該頁)

♥ ワン・ポイント解説 ♥ pp. 38-39 / pp. 56-57 / pp. 62-63

この先の問題を解くために,以下の前提を確認しておきます.
(1) 「私は = je」など主語人称代名詞はわかっている.
(2) être / avoir の活用に問題がない.
(3) voici, voilà / il y a といった基本構文を知っている.

練習問題 1 ★★★★★

例にならって( )内の指示によって主語と動詞を現在(直説法現在)に活用してください.

例:je / être → je suis

1 nous / avoir →
2 tu   / être   →
3 vous / avoir →
4 ils / être   →
5 tu   / avoir →
6 elles / être →
7 je   / avoir →
8 nous / être   →
9 ils / avoir →
10 vous / être   →

練習問題 2 ★★★★★

( )内に入る適当な語句を書き入れてください.

1 彼らはフランス人です.
( ) français.

2 (ほら) あれは白い家だ.
( ) une maison blanche.

3 テーブルの下に猫がいます.
( ) un chat sous la table.

4 ここに辞書がある.
( ) un dictionnaire.

5 彼女はカバンを持っています.
( ) un sac.

---

*かりに上記の前提が欠けている方でも,この先,学習を進めるのが不可能というわけではありません.とは言っても「主語人称代名詞」と「2つの基本動詞の活用」はなんとしても欠かせません.上記の問題に十分対応できなかった方は,まずは足元を固めること.そこからスタートしてください.なお,**音声 08** に avoir と être の活用(直説法現在)が収録されていますので綴りを意識しながら,何度も繰りかえし聞いてください.

5 入門基礎会話 (解答 p.119)

♥ ワン・ポイント解説 ♥ ☞ p.36-37 / pp.62-63

フランス語への導入として，多くのテキストが日常使われる平易な会話文に触れながら発音の基本をチェックしたり，挨拶で肩慣らしをしたりする方法をとっています．そのポイントを簡単に見ていきます．

練習問題 1 ★★★★★

音声 **09** を聞いて，次の（　）内に各1語を入れてください．

1　(　　　　　)！
2　(　　　　　), (　　　　　).
3　(　　　　　) (　　　　　)！
4　A (　　　　　)！
5　(　　　　　) (　　　　　) japonaise.

練習問題 2 ★★★★★

音声 **10** を聞いて，a., b. どちらか適当な応答文を選んでください．

1　**a.** Très bien, merci.　Et vous ?
　b. A demain !　　　　　　　　〔　〕

2　**a.** Je vais bien.
　b. Je m'appelle Jean-Pierre.　　〔　〕

3　**a.** Oui, je suis français.
　b. Non, je suis français.　　　　〔　〕

4　**a.** J'ai dix-neuf ans.
　b. Je suis étudiant.　　　　　　〔　〕

練習問題 3 ★★★★★

例にならって（　　）内の日本語を使って答えてください．

① 例：Qu'est-ce que c'est ?（本：単数）
    → C'est un livre.

1 （本：複数）　　→
2 （ノート：単数）→
3 （ネクタイ：単数）→
4 （ネクタイ：複数）→

② 例：Voici une chaise.　Est-ce que c'est une table ?
    → Non, ce n'est pas une table.　C'est une chaise.

1 Voici un livre.　Est-ce que c'est un dictionnaire ?
    →

2 Voici un arbre.　Est-ce que c'est un bonsaï ?
    →

③ 例：Il y a un chat sur le lit.（複数）
    → Il y a des chats sur le lit.

1 Il y a une lettre sur le bureau.（下に）
    →

2 Il y a un restaurant près de la gare.（複数）
    →

6 名詞の男女の別を覚えよう (解答 p.121)

♥ ワン・ポイント解説 ♥ ☞ pp. 40-45 / pp. 48-49

フランス語の名詞を覚える際には，自然の性を持つ語でも持たない語でも1つ1つ男女の別を覚えなくてはなりません．この別が名詞標識語（冠詞・所有形容詞など）にも直接関係します．

練習問題 1 ★★★★★

必要に応じて辞書や単語集で確認しながら，例にならって，次の単語の名詞の性の別（〔男性〕*n.m.* 〔女性〕*n.f.*）と意味（訳語）を答えてください．

例：[*n.f.*] école 学校

*自然の性を持つ名詞の例

1 [　　] frère
2 [　　] sœur
3 [　　] fille
4 [　　] garçon
5 [　　] oncle
6 [　　] tante

*数えられる名詞（普通名詞）の例

7 [　　] voiture
8 [　　] vélo
9 [　　] maison
10 [　　] appartement
11 [　　] livre
12 [　　] revue

*数えられない名詞（物質名詞・抽象名詞）の例

13 [　　] eau
14 [　　] viande
15 [　　] argent
16 [　　] café
17 [　　] courage
18 [　　] chance

練習問題 2 ★★★★

例にならって（　）の指示によって単語を書き換え，意味を答えてください（必要に応じて辞書・単語集を利用してください）．なお **音声 11** に問題と解答をペアにして収録してありますので解答後に発音のチェックをしてください．

例：fille（複数形）→ filles　娘たち
　　ami（女性形）→ amie　女友だち

1　français　　（女性形）→
2　acteur　　　（女性形）→
3　journaliste（女性形）→
4　infirmière　（男性形）→
5　étudiante　（男性形）→
6　vendeuse　（男性形）→
7　enfant　　　（複数形）→
8　fils　　　　（複数形）→
9　monsieur　（複数形）→
10　bateau　　（複数形）→
11　œil　　　　（複数形）→
12　travail　　（複数形）→
13　oncle　　　（反対語）→
14　mère　　　（反対語）→
15　homme　　（反対語）→

＊上記 13 ～ 15 は（男性形・女性形）の指示でも同じです．

7 冠詞の使い分けを知ろう (解答 p. 123)

♥ ワン・ポイント解説 ♥ ☞ pp. 46-47 / pp. 76-79

フランス語の名詞には男女の別があるため，冠詞にも男女／単複の別があります．

	男性単数	女性単数	男女複数
不定冠詞	un	une	des
定冠詞	le (l')	la (l')	les
部分冠詞	du (de l')	de la (de l')	なし

練習問題 1 ★★★★★

(　　) 内の指示により，適当な冠詞をつけてください．

なお，解答が **音声 12** に録音されていますので確認してください．

例：livre（不定冠詞）→ un livre

1. dictionnaire　（不定冠詞）→
2. voitures　（不定冠詞）→
3. fleur　（不定冠詞）→
4. maisons　（不定冠詞）→
5. café　（定冠詞）→
6. chiens　（定冠詞）→
7. robe de Marie（定冠詞）→
8. Japon　（定冠詞）→
9. argent　（部分冠詞）→
10. bière　（部分冠詞）→
11. poisson　（部分冠詞）→
12. chance　（部分冠詞）→

練習問題 2 ★★★★

下記の語群から（　）内に入る適当な冠詞を選んでください．ただし，同じ語は1度しか用いません．

1 コーヒーを1杯ください．

（　　　）café, s'il vous plaît.

2 これはジャンの自転車です．

C'est (　　　) vélo de Jean

3 ベッドの上に猫がいます．

Il y a (　　　) chats sur le lit.

4 私は愛犬家です．

J'aime (　　　) chiens.

5 彼は肉を食べます．

Il mange (　　　) viande.

6 彼らは学校に行きます．

Ils vont à (　　　) école.

7 私たちには娘が1人おります．

Nous avons (　　　) fille.

8 ピエールの娘はあのカフェにいます．

(　　　) fille de Pierre est dans ce café.

9 彼は毎朝コーヒーを飲みます．

Il boit (　　　) café chaque matin.

10 お水をください．

(　　　) eau, s'il vous plaît.

◇ 語群 ◇

un　une　des　le　la　les　l'　du　de la　de l'

8 形容詞の位置と形に注意 (解答 p. 124)

♥ ワン・ポイント解説 ♥ ☞ pp.50-53

> 頻度の高い，比較的綴りの短い語を除いて，フランス語の形容詞の置き位置は"名詞＋形容詞"の語順が通例です．あわせて，修飾する名詞の性・数に形容詞を一致させなくてはなりません．

練習問題 1 ★★★★

例にならって下記の表現に形容詞を書き添えてください．ただし，形容詞は男性形単数で示してあります．

例：une maison (grand) → une grande maison

＊例は日常よく使われる「大きい」という形容詞ですから「形容詞＋名詞」の語順で使われ，形容詞は名詞の性数に応じて女性形（単数）になります．

1　une voiture　(petit)　　→
2　une fleur　　(beau)　　→
3　un hôtel　　 (beau)　　→
4　des livres　 (beau)　　→
5　un homme　(grand)　　→
6　une femme　(intelligent) →
7　une cravate　(vert)　　→
8　une fille　　(mignon)　→
9　la vie　　　 (heureux)　→
10　l'an　　　　(nouveau)　→

練習問題 2 ★★★★

下記の文章の形容詞に間違いがあります．それを正しく直してください．

1. Elles sont grands.
2. Voilà la maison blanc.
3. Ils sont très difficile pour la nourriture.
4. C'est un beau oiseau.
5. Elle a de beaux noirs cheveux.

練習問題 3 ★★★

次の（　）内の語で他の2つと性質の異なる形容詞を見つけだしてください（必要に応じて辞書・単語集を利用してください）．

1. Ils sont (riches, petits, grands).
2. Elle est (gentille, méchante, belle).
3. C'est (difficile, facile, incroyable) !
4. Elle n'est pas (grosse, mince, sportive).
5. J'ai une voiture (rouge, bleue, neuve).

練習問題 4 ★★★★

音声 13 を聞いて，内容に適するイラストを選んでください．

1	2	3	4
a.	b.	c.	d.

9 第1群規則動詞 (解答 p. 126)

♥ ワン・ポイント解説 ♥ ☞ pp. 54-59 / pp. 80-81

フランス語の動詞（不定詞）のなかで最も多い形が — er 動詞と呼ばれる第1群規則動詞．その現在形の活用語尾はすべて共通で以下の形をとります．

je —e	nous —ons
tu —es	vous —ez
il —e	ils —ent
elle —e	elles —ent

[ɔ̃]
[e]
語尾は発音されない

練習問題 1 ★★★★★

下記の語群から最も適当な動詞を選び（　　）内に直説法現在で活用させてください．

1　J'(　　　　) la bière.

2　Il (　　　　) une cravate noire.

3　Ils (　　　　) japonais.

4　J'(　　　　) à Yokohama.

5　Vous (　　　　) une moto ?

6　Elles (　　　　) bien français.

7　Tu (　　　　) dans la rue.

8　Nous (　　　　) deux paquets par jour.

◇ 語群 ◇

aimer　avoir　être　fumer　habiter　marcher
parler　porter

練習問題 2　★★★★

下記の語句を日本語の意味になるように並べかえてください．ただし，動詞は不定詞（原形）で示してありますので現在形に活用してください．

＊今後のディクテ（聞きとり）問題に対応する意味で解答を確認後 **音声 14** を使って再チェックを！

1 私たちは毎朝スープを飲む．

(manger, la, nous, soupe, de) chaque matin.

2 ミッシェルは鍵を探している．

(chercher, Michel, clef, la).

3 私はポールに和仏辞書をあげる．

(donner, un, je, dictionnaire, japonais-français) à Paul.

4 我思う，故にわれあり．

(penser, je), donc (être, je).

5 私たちは仕事にとりかかる．

(commencer, travail, un, nous).

6 子供たちは卵が好きです．

Les (aimer, les, enfants, œufs).

10 指示形容詞・所有形容詞 (解答 p. 127)

♥ ワン・ポイント解説 ♥ ☞ pp. 64-65

(1) 「この,その,あの」の意味で,人や物を指し示す語が**指示形容詞**.

男性単数	女性単数	男女複数
ce (cet)	cette	ces

*遠近を明示するために -ci / -là をつけるケースがあります.

(2) 英語の所有格「～の」に相当するのが**所有形容詞**です.

	男性単数	女性単数	男女複数
私の	mon	ma (mon)	mes
君の	ton	ta (ton)	tes
彼の・彼女の	son	sa (son)	ses
私たちの	notre	notre	nos
あなた(方)の	votre	votre	vos
彼らの・彼女らの	leur	leur	leurs

*所有形容詞は名詞の性数によって形が決まります.従って3人称単数の場合に形の上では「彼の」なのか「彼女の」なのか単独では区別できません.

son frère → *his / her brother* sa sœur → *his / her sister*

練習問題 1 ★★★★★

例にならって適当な指示形容詞をつけてください.

例：vélo (自転車) → ce vélo

1 vélos (自転車) →
2 montre (腕時計) →
3 hôtel (ホテル) →
4 étudiant (学生) →
5 voitures (車) →

練習問題 2 ★★★★★

例にならって適当な所有形容詞をつけてください．

例： vélo （私の） → mon vélo

1　vélos　　　　（彼の）　　　→
2　montre　　　（彼女の）　　→
3　fille　　　　　（私たちの）　→
4　école　　　　（私の）　　　→
5　parents　　　（あなたの）　→
6　dictionnaires（彼らの）　　→
7　histoire　　　（彼の）　　　→

練習問題 3 ★★★★★

例にならって答えてください．

例： C'est le studio de Sophie ?
　　— Oui, c'est son studio.

1　C'est l'école de Jean ?
　　— Oui,

2　Ce sont les dictionnaires d'Anne ?
　　— Oui,

3　C'est la voiture de vos parents ?
　　— Oui,

4　C'est ta maison ?
　　— Oui,

5　Ce sont tes montres ?
　　— Oui,

11 第2群規則動詞 (解答 p. 128)

♥ ワン・ポイント解説 ♥ ☞ pp. 60-61

不定詞が —ir の語尾で終わる動詞のうち，下記のような規則的な活用（現在形）をする動詞を第2群規則動詞と呼びます．

je	—is	nous	—issons	[i]	[isɔ̃]
tu	—is	vous	—issez	[i]	[ise]
il	—it	ils	—issent	[i]	[is]
elle	—it	elles	—issent	[i]	[is]

練習問題 1 ★★★★★

( ) 内に入る適当な語を下記の語群から選び，直説法現在に活用して書き入れてください（同じ語は1度しか用いません）．

1　Nous (　　　　　) ce travail tout de suite.

2　Elle (　　　　　) un cadeau de mariage.

3　Ils (　　　　　) le jazz.

4　Nous (　　　　　) à Paris.

5　Elle (　　　　　) à ses parents.

6　Il (　　　　　) un chapeau sur la tête.

7　Je (　　　　　) beaucoup d'argent.

◇ 語群 ◇

aimer　avoir　choisir　être　finir　gagner　obéir

練習問題 2 ★★★★

下記の語群を参考にしながら **音声 15** を聞いて下線部に適当な語句を書き入れてください（ただし動詞は不定詞で示してあります）.

1 Ma sœur _____ pour une soirée.

2 Mon père _____ par un café.

3 Ces enfants _____.

4 _____ et sœurs ?

5 _____ tous les dimanches dans la forêt.

6 _____.

7 _____ une ville nouvelle.

◇ 語群 ◇

avoir   bâtir   choisir   être   frère   finir   japonais(e)
marcher   noir(e)   obéir   parents   repas   robe   toujours

12 否定文・疑問文 (解答 p. 130)

♥ ワン・ポイント解説 ♥ ☞ pp. 66-69

(1) 動詞を ne (n') ... pas ではさむ形で「〜ない」の否定文を作ることができます．他に，ne ... jamais「けっして〜ない」，ne ... plus「もはや〜ない」など多様な否定表現がありますが，動詞をはさむという考え方は共通です．
(2) 下記の3種類の疑問文をつくることができます．
・イントネーションで　　　　　　　　　Vous aimez le café ? (◞)
・文頭に Est-ce que (qu') をつけて　　　Est-ce que vous aimez le café ?
・主語と動詞を倒置した形で　　　　　　Aimez-vous le café ?
＊3つとも「あなたはコーヒーが好きですか」の意味．

練習問題 1 ★★★★

(　　) 内の表現を使って下記の文章を否定文にしてください．

1　Ce sont les cahiers de Marie.　(ne ... pas)

2　Elles mangent du poisson cru.　(ne ... jamais)

3　Il y a du vin dans le frigo.　(ne ... plus)

4　Habitez-vous à Paris ?　(ne ... pas)

5　Annie obéit à ses parents.　(ne ... jamais)

練習問題 2 ★★★★

倒置の疑問文をつくってください.

1 Tu aimes le café.

 →

2 Il habite à Tokyo.

 →

3 Jean a un ordinateur personnel.

 →

4 Elle ne parle pas français.

 →

5 Il y a beaucoup de gens dans la rue.

 →

練習問題 3 ★★★★

例にならって下記の疑問文に答えましょう.

例：Est-ce que vous aimez le thé ?

　　→（肯定）　Oui, j'aime le thé.

　　→（否定）　Non, je n'aime pas le thé.

1 Anne est hôtesse de l'air ?

 →（肯定）

2 Est-ce qu'ils travaillent beaucoup ?

 →（否定）

3 N'aimez-vous pas les films français ?

 →（肯定）

4 Tu n'as pas d'enfants ?

 →（肯定）

13 aller, venir と冠詞の縮約 (解答 p. 132)

♥ ワン・ポイント解説 ♥ ☞ pp. 70-73

(1) aller と venir の直説法現在の活用は以下の通り.

je vais	nous allons
tu vas	vous allez
il va	ils vont

je viens	nous venons
tu viens	vous venez
il vient	ils viennent

* aller + *inf.* で「近接未来」を, venir de + *inf.* で「近接過去」を表します.

(2) 前置詞 à, de の後ろに定冠詞 le, les をともなう名詞が続くとき以下の右列のように冠詞が縮約されます.

× jouer à le tennis → ○ jouer au tennis
× venir de le Canada → ○ venir du Canada
× aller à les Pays-Bas → ○ aller aux Pays-Bas
× venir de les Etats-Unis → ○ venir des Etats-Unis

ただし, 定冠詞 la, l' は前置詞 à, de と縮約されません.

cf. à la mode / rentrer de l'école

練習問題 1 ★★★★★

(   ) に aller か venir の直説法現在を入れ和訳してください.

1 Est-ce que tu (   ) au Canada ?

2 Vous (   ) du Japon ?

3 Comment (   )-vous ?

4 Elle (   ) d'arriver à Londres.

練習問題 2 ★★★★

下記の語群をつないで適当な文章を完成させてください.

1 Ma sœur aime le parfum　　　・　　・ à l' ・　　・ bureau.
2 Ce matin, cet élève ne va pas ・　　・ au　・　　・ dents ?
3 Vous avez mal　　　　　　　　・　　・ aux ・　　・ école.
4 Mon père vient de rentrer　　・　　・ des ・　　・ restaurant.
5 Nous déjeunons souvent　　　・　　・ du　・　　・ roses.

練習問題 3 ★★★★

例にならって，次の文章を近接未来，近接過去の文章に書き換えてください.

例：Je téléphone à mon ami.

→ Je vais téléphoner à mon ami.

→ Je viens de téléphoner à mon ami.

1 Mon frère a vingt ans.

→

→

2 Elles finissent leurs devoirs.

→

→

練習問題 4 ★★★

下線部に注意して和訳してください.

1 Mon fils vient de passer son baccalauréat.
2 Vous venez dîner chez moi ?
3 Je vais chercher mon collègue à la gare.
4 Le match de football France-Japon va commencer.

14 基本6文型 (解答 p.133)

♥ ワン・ポイント解説 ♥ ☞ pp.82-83

フランス語の幹（骨格）をなす重要構文をチェックします．

(1) **1文型**：主語＋動詞
 Le soleil brille. 太陽は輝く．：通常さまざまな状況補語（時間・場所・様態などを表す語句）をともないます．

(2) **2文型**：主語＋動詞＋属詞（英語の補語に相当）
 Je suis content(e). 私は満足です．：Je（主語）＝ content(e)（属詞）の関係が成立する文章．(1) (2) に使われるのは自動詞．

(3) **3文型**：主語＋動詞＋直接目的語
 J'aime le café. 私はコーヒーが好きです．：通例「人を・物を」の意味を表すのが直接目的語．ここでは2文型とは異なり Je（主語）≠ le café（直接目的語）．使われる動詞は他動詞です．

(4) **4文型**：主語＋動詞＋間接目的語
 Elle obéit à ses parents. 彼女は両親に従う．：à ＋名詞，de ＋名詞（間接目的語）をともなって文章が成立するもの．使われる動詞は間接他動詞（自動詞と表記している辞書もある）と呼ばれます．

(5) **5文型**：主語＋動詞＋直接目的語＋間接目的語
 Il donne une rose à Sophie. 彼はソフィーにバラをあげる．：基本的に「（物）を（人）に...する」という訳が成り立つ文章．

(6) **6文型**：主語＋動詞＋直接目的語＋属詞
 Je trouve cette fille très gentille. 私はその少女をとても親切だと思う．：cette fille（直接目的語）＝ gentille（属詞）という関係が成立する文型．

練習問題 1 ★★★

副詞や状況補語（時間・場所・様態などをあらわす副詞に相当します）などが文型に直接関係しないことを念頭に置きながら，下記の文章の文型を指摘し，和訳してください（不明な語については辞書類を参照してください）．

1 Julie parle-t-elle très vite ?

2　Ma petite sœur reste sage au restaurant.

3　Je ne trouve pas le français trop difficile.

4　Frédéric pense toujours à son futur.

5　Nous n'avons plus que 10 euros maintenant.

6　J'envoie ce dictionnaire français-japonais à mon ami.

練習問題 2　★★★

[　] 内の語を並べかえて正しい文章を作ってください．ただし，動詞は不定詞で示してありますから直説法現在に活用してください．

1　Il [de, fiancée, toujours, sa, parler].

2　Florence [beaucoup, à, mère, sa, ressembler].

3　Est-ce que vous [à, montre, ami, votre, cette, donner] ?

4　Je [pas, très, ne, Sophie, intelligente, trouver].

15 入門文法編・総復習 (解答 p. 134)

練習問題 1 ★★★★★

（　）に適当な動詞（直説法現在形）を書き入れてください.

1 — Vous (　　　) demain ?
— Oui, je rentre demain.

2 — Aimez-vous la France ?
— Oui, j'(　　　) la France.

3 — Est-ce que vous (　　　) français ?
— Non, je suis anglais.

4 — Tu vas au cinéma ?
— Oui, je (　　　) au cinéma.

5 — Ne vient-elle pas du Japon ?
— Si, elle (　　　) du Japon.

練習問題 2 ★★★★

（　）に適当な冠詞（不定冠詞・定冠詞・部分冠詞）を入れてください. ただし，不要な場合には × を入れてください.

1 Y a-t-il encore (　　　) fromage dans le frigo ?

2 Il n'aime pas (　　　) fromage.

3 C'est (　　　) clef de chez moi.

4 Vous avez (　　　) enfants ?

5 N'avez-vous pas (　　　) frères et sœurs ?

6 Tu n'as pas (　　　) faim ?

7 Chaque matin, je mange (　　　) confiture.

8 Nous ne sommes pas (　　　) médecins.

練習問題 3 ★★★★

（ ）の指示によって下記の文章を書き換えてください．

1 Sylvie étudie le français.（倒置の疑問文）
   →

2 Mon oncle téléphone au bureau.（近接未来）
   →

3 Elles jouent au tennis.（近接過去）
   →

4 choisit, une, rouge, elle, robe.（正しく並べかえて）
   →

5 beaucoup de, sur, table, livres, il, a, la, y.（同上）
   →

練習問題 4 ★★★

音声 16 を聞いて下線部を書きとってください．

1 _____ d'anniversaire.

2 _____ à Paris ?

3 Tu _____ à Agathe ?

4 Ils _____ _____ chaque matin.

5 Ma sœur a _____.

初級文法編

　『ケータイ〈万能〉フランス語文法』の **pp. 87-136** に載っている初級文法（フランス語をはじめて半年程度の間に学習する事項）を練習問題を解きながら自分のモノにしていきましょう．

　音声 での聞きとりは各問題とも１度だけの録音です．ただし，書きとるためのポーズは充分にあけてあります．ゆっくり着実に歩を進めましょう．

16 疑問副詞・faire と prendre (解答 p. 137)

♥ ワン・ポイント解説 ♥ ☞ pp. 74-75 / pp. 92-93

(1) 英語の 5W1H に相当する語のなかで，「いつ」「どこ」「なぜ」などにあたる疑問詞を**疑問副詞**と呼びます．

quand	いつ	depuis quand	いつから
où	どこ	d'où	どこから
combien	いくら	combien de	いくつ
pourquoi	なぜ	comment	どのように

(2) faire, prendre の直説法現在の活用は以下の通り．

je fais	nous faisons		je prends	nous prenons
tu fais	vous faites		tu prends	vous prenez
il fait	ils font		il prend	ils prennent

練習問題 1 ★★★★

下線部をたずねる疑問文（倒置形）をつくってください．

1　Nous allons déjeuner <u>au restaurant</u>.
→

2　Il y a <u>50</u> étudiants dans ma classe.
→

3　Elle vient <u>des Etats-Unis</u>.
→

4　Je suis à Londres <u>depuis trois mois</u>.
→

5　Nous allons à la campagne <u>à la fin de la semaine</u>.
→

6 Il va à l'université par le train.
   →

練習問題 2 ★★★★

(　) 内の動詞を直説法現在に活用して，和訳してください．

1 Pourquoi (faire →　　　　)-tu le méchant avec ta petite sœur ?

2 Ce travail (prendre →　　　　) beaucoup de temps.

3 Qu'est-ce que vous (faire →　　　　) dans la vie ?

＊疑問代名詞の詳細は本書 p.42 を参照してください．

4 Elles ne (prendre →　　　　) pas de petit-déjeuner.

5 Ça (faire →　　　　) deux semaines qu'elle travaille ici.

練習問題 3 ★★★

音声 **17** を聞いて，下線部を書きとってください．

1 _____ quitter la France ?

2 _____ à la maison ?

3 _____ vacances cet été ?

17 疑問形容詞 (解答 p. 138)

♥ ワン・ポイント解説 ♥ ☞ pp. 94-95

疑問形容詞とは英語の *What time is it ?* の〈 *what* 〉に相当する単語で，大別すると (1) 名詞をともなって「何の，どんな」の意味（付加形容詞）で使われるケース (2) 属詞「何」として働くケース，とがあります．

男性単数	女性単数	男性複数	女性複数
quel	quelle	quels	quelles

(1) ［前置詞］＋ Quel(le)(s) ＋名詞＋ V―S ?
  例：Quel âge avez-vous ?　　何歳ですか．
(2) Quel(le)(s) ＋ V (être) ＋ S ?
  例：Quelle est votre adresse ?　住所はどちらですか．

練習問題 1　★★★★

(　) 内に適当な疑問形容詞を入れ，返答となる文章を a. ～ d. から選んでください．

1　(　　　　) jour sommes-nous ?　　　　　　　　　〔　〕

2　De (　　　　) nationalité êtes-vous ?　　　　　　〔　〕

3　(　　　　) est votre date de naissance ?　　　　　〔　〕

4　(　　　　) sont ces fleurs ?　　　　　　　　　　〔　〕

a. C'est le 17 janvier 1985.
b. Ce sont des roses.
c. Nous sommes dimanche.
d. Nous sommes françaises.

練習問題 2 ★★★

日本語訳を参照しながら，下記の語句を並べかえてください．ただし，文頭に置かれる疑問形容詞は書かれていませんので適当な形を書き加え，解答してください．

1 どんな音楽が好きですか．

 [vous, musique, aimez] ?

 →

2 今日，パリの天気はどうですか．＊非人称構文は本書 p.44 を参照ください．

 [Paris, fait, il, à, aujourd'hui, temps] ?

 →

3 体重はどれくらいあるの．

 [ton, est, poids] ?

 →

4 バスケットにはどんなフルーツがありますか．

 [le, dans, y, panier, a-t-il, fruits] ?

 →

5 あなたのコートは何色ですか．

 De [couleur, votre, est, manteau] ?

 →

6 何時ごろに昼食をとりますか．

 Vers [heure, déjeuner, prenez, votre, vous] ?

 →

7 通りはなんてすごい人出だろう．＊感嘆文です．

 [dans, y, a, rue, la, monde, il] !

 →

18 数詞 (解答 p. 139)

♥ ワン・ポイント解説 ♥ ☞ pp. 96-99 / pp. 132-133

フランス語の数字は日本語や英語に比べてかなり複雑な展開をします．1〜20 迄はフランス語でも書けるようにしておきたいものです．
以下，1〜20 迄の基数を記しておきます．

1 un, une	2 deux	3 trois	4 quatre	5 cinq
6 six	7 sept	8 huit	9 neuf	10 dix
11 onze	12 douze	13 treize	14 quatorze	15 quinze
16 seize	17 dix-sept	18 dix-huit	19 dix-neuf	20 vingt

練習問題 1 ★★★★

音声 18 を聞いて，（　）内に入る適当な数字を答えてください．数字はできるだけフランス語で書いてください．

1　C'est aujourd'hui le (　　) février (　　).

2　Nous arrivons à (　　) heures à Paris.

3　Elle a (　　) ans.

4　Tu n'as pas (　　) euros ?

5　Il est (　　) heures du soir.

6　Charles habite au (　　) étage.　＊序数が入ります．

7　Ce fromage contient (　　) % de matière grasse.

8　Mon adresse est (　　), avenue Victor Hugo.

9　Moi, je vais prendre le menu à (　　) euros.

10　C'est une ville de (　　) habitants.

練習問題 2 ★★★

音声 19 を聞いて，下記の質問に対する数字を答えてください（算用数字でもかまいません）．

*状況設定は書かれていますので，聞きとりのポイントは数字（女性のパート）だけです．まわりの文章に惑わされずに，数字をきちんと聞きとれますか．なお，解答を事前に見るようなズルは駄目！ 聞きとれるまで何回も繰りかえし音声に耳を傾けて！

1 「何時に君の両親を迎えにいけばいいの」という質問に対して，相手は何時頃だと返答しましたか．

2 素敵なネクタイを見つけたようです．しかもセール品．さて，定価の何パーセント引きになっていると言って女性が驚いていますか．

3 購入したズボンの裾が長すぎたようです．裾を5センチほど短くしてくださいと頼みました．もちろん直しはOKですが，手間賃がかかるようです．さて，いくらかかると言っていますか．

4 数字を読み上げて該当する数を消していく，いわゆるビンゴゲームの最中です．読みあげられた最初の数字は 20．では，それに続く6つの数字を順に解答してください．

19 疑問代名詞 ① (解答 p. 141)

♥ ワン・ポイント解説 ♥ ☞ pp. 104-105

疑問代名詞は「誰」「何」と名詞で表される情報を得るために使われる疑問詞で，たずねる対象と文中の働きに応じて以下のような形があります．

		主語	直接目的語・属詞
人	単純形	Qui	Qui + V—S
	複合形	Qui est-ce qui	Qui est-ce que + S + V
物	単純形	——	Que + V—S
	複合形	Qu'est-ce qui	Qu'est-ce que + S + V

＊間接目的語・状況補語をたずねる際には「人」qui / quoi「物」を用います．

練習問題 1 ★★★★

下線部をたずねる疑問文をつくってください．

1 <u>Paul</u> demande du vin rouge.

→

2 Je pense <u>à mon avenir</u>.

→

3 Nous prenons <u>du café</u> après le dîner.

→

4 Je vais au théâtre <u>avec mon ami</u>.

→

練習問題 2 ★★★★

次の 1 〜 8 の質問に対する答えを下記の a. 〜 h. から選んでください.

1　Qui est-ce que vous cherchez ?　　　　　　　〔　　〕
2　Qu'est-ce que vous cherchez ?　　　　　　　〔　　〕
3　Qu'est-ce que vous faites, Madame ?　　　　〔　　〕
4　Qu'est cette dame ?　　　　　　　　　　　　〔　　〕
5　Qui êtes-vous donc, Monsieur ?　　　　　　 〔　　〕
6　Qu'est-ce que c'est ?　　　　　　　　　　　　〔　　〕
7　Comment allez-vous ?　　　　　　　　　　　〔　　〕
8　Comment allez-vous voyager ?　　　　　　　〔　　〕

a. Je suis un ami de votre frère.
b. Je suis journaliste.
c. Je cherche la clef de ma chambre.
d. Je cherche mon ami, Denis.
e. Je vais très bien.
f. Je vais prendre l'avion.
g. C'est la secrétaire du directeur.
h. C'est un ordinateur personnel.

練習問題 3 ★★★

音声 20 を聞いて下線部を書きとってください.

1　_____ comme boisson ?
2　_____ _____ ?
3　_____ ce sac à main ?
4　_____ ?
5　_____ sur Grenoble ?

20 非人称構文 (解答 p.142)

♥ ワン・ポイント解説 ♥ ☞ pp. 106-109

非人称主語 il（フランス語には英語の *it* のように事物を専門に受ける代名詞がないため、非人称主語には il が使われます）を用いる構文の代表は、時間・天候などの言いまわしや、〈 il y a 〉ならびに〈 il faut (不定詞 falloir) 〉などの例があげられます。また、形式主語 il と形容詞を組み合わせた展開や、初級レベルをはずれますが存在や出現などを表す自動詞が形式主語 il をとって表現される展開もあります。

練習問題 1 ★★★★

音声 **21** を聞いて下線部を書きとってください。

1 — Quelle heure est-il ?
 — _____ et demie.

2 — Quel temps fait-il à Paris ?
 — _____.

3 _____ préparer l'examen.

4 _____ être en retard.

5 _____ pour le dîner ?

練習問題 2 ★★★

日本語を参考にして，下記の単語を並べかえて意味の通じる非人称構文の文章をつくってください．

1 その問題を解くのはとても難しい．

Il est [résoudre, très, problème, de, ce, difficile].

2 フランス語のアルファベは何文字ありますか．

Combien de [a-t-il, dans, lettres, y, français, l'alphabet] ?

3 この地方は雨が多いですか．

Est-ce qu'[cette, beaucoup, pleut, région, il, dans] ?

4 駅まで徒歩 20 分かかります．

Il faut [aller, pied, vingt, à, pour, minutes] à la gare.

5 その箱のなかに 50 ドル残っています．

Il [dollars, cette, boîte, reste, cinquante, dans].

6 あの交差点ではしばしば事故が起こります．

Il [dans, souvent, accidents, carrefour, arrive, ce, des].

21 補語人称代名詞 (解答 p. 143)

♥ ワン・ポイント解説 ♥ ☞ pp. 112-115

直接目的（～を），間接目的（～に）ならびに，動詞から独立して用いられる強勢形は以下の形をとります．

主語	直目	間目	強勢形	主語	直目	間目	強勢形
je	me (m')		moi	nous	nous		nous
tu	te (t')		toi	vous	vous		vous
il	le (l')	lui	lui	ils	les	leur	eux
elle	la (l')	lui	elle	elles	les	leur	elles

補語人称代名詞の置き位置には注意してください．

* Je prête <u>ce dictionnaire</u> <u>à Pierre</u>. : S + V +直目 (～を) +間目 (～に)
 → Je le lui prête. (それを彼に貸す)

練習問題 1 ★★★★

（　）に適当な補語人称代名詞を書き入れてください．

1 — Téléphones-tu souvent à tes parents ?
　— Oui, je (　　　) téléphone presque tous les jours.

2 — Est-ce que vous pouvez me montrer votre article ?
　— Oui, je (　　　) (　　　) montre tout de suite.

3 — Votre père écoute-t-il les informations à la radio ?
　— Mais non, il ne (　　　) écoute jamais à la radio.

4 — Vous ne faites pas confiance à votre fiancé ?
   — Si, je (   ) fais confiance.
5 — Tu as l'intention de prêter ton vélo à tes amis ?
   — Non, je n'ai pas l'intention de (   ) prêter mon vélo.

練習問題 2 ★★★

文頭に続けて 1 〜 4 の語を適当な順番に並べてください.

1 Elle   1. le   2. ne   3. connaît   4. pas du tout   [.]

2 Je suis 1. vous   2. de   3. content   4. voir   [.]

3 Je vais 1. elle   2. à   3. présenter 4. vous   [.]

4 Non, ce 1. pas   2. à   3. n'est   4. moi   [.]

5 Nous   1. rien   2. ne   3. leur   4. reprochons   [.]

6 As-tu   1. ça   2. lui   3. donner   4. l'intention de [?]

22 準助動詞 (解答 p. 145)

♥ ワン・ポイント解説 ♥ ☞ pp. 122-123

英語の *can, must, want (to)* などに類した，不定詞を添えて展開する助動詞的な働きをする語（準助動詞）に，pouvoir, vouloir, devoir, savoir などがあります．

pouvoir		vouloir	
je peux	nous pouvons	je veux	nous voulons
tu peux	vous pouvez	tu veux	vous voulez
il peut	ils peuvent	il veut	ils veulent

devoir		savoir	
je dois	nous devons	je sais	nous savons
tu dois	vous devez	tu sais	vous savez
il doit	ils doivent	il sait	ils savent

練習問題 1 ★★★★

（　）内に下記の語群から適当な動詞を選び直説法現在に活用して入れてください．なお，同じ語は1度しか使いません．

1 (　　　　)-vous me prêter ce livre ?

2 Tu (　　　　) téléphoner à Marianne.

3 Est-ce que je (　　　　) fumer ici ?

4 (　　　　)-vous jouer au tennis ?

◇ 語群 ◇

devoir　　pouvoir　　savoir　　vouloir

練習問題 2 ★★★

音声 22 を聞いて下線部を書きとり和訳してください.

* "動詞 +（前置詞）+ 不定詞" と展開する表現を集めました.

1 _____ demain ?
 →

2 _____ du ski ?
 →

3 A quel endroit _____ cette revue ?
 →

4 _____ avec le feu.
 →

5 Mademoiselle, _____ un renseignement ?
 →

6 _____ du problème.
 →

7 Combien d'amis _____
   pour cette soirée ?
 →

8 Allez-vous-en ! _____.
 →

9 On _____.
 →

10 _____ ?
 →

23 その他の重要動詞の直説法現在 (解答 p. 146)

♥ ワン・ポイント解説 ♥ ☞ pp. 80-81 / pp. 130-131

第1群規則動詞で変則的な活用をする動詞、あるいは、これまでにチェックしてこなかった第3群不規則動詞で頻度の高い語をチェックしていきます。なお、以下は第3群不規則動詞を日常の頻度順に並べたものです。

être / avoir / faire / aller / dire / savoir / voir
vouloir / pouvoir / venir / prendre / falloir / mettre
partir / sortir / devoir / comprendre / tenir / connaître
croire / entendre / attendre / revenir …

▷ 第1群規則動詞の頻度順は下記の通りです。

parler, aimer, penser, arriver, passer, donner, trouver …

*動詞の活用になじむと表現力も増し、一気にフランス語がレベル・アップします。地道な作業ですが、しっかり覚えましょう！

練習問題 1 ★★★

(   ) 内に語群から適当な動詞を選んで直説法現在（**8** は不定詞）に活用してください．なお，同じ語は1度しか用いません．

1 Elles fument et (   ).

2 On (   ) la mer de cette fenêtre.

3 Est-ce que vous (   ) cette femme ?

4 Je te le (   ) quand même : je t'aime.

5 Son mari la (   ) malheureuse.

6 Ne (   )-tu pas cette nouvelle ?

7 Comment (   )-vous son attitude ?

8 Il faut (   ) un peu d'argent de côté.

9 Elle (　　　　) son manteau à la main.

10 Vous (　　　　) déjà ?

◇ 語群 ◇

boire　comprendre　connaître　croire　dire
mettre　partir　rendre　tenir　voir

練習問題 2 ★★★

音声 **23** を聞いて下線部を書きとってください．なお，文中に使われている動詞は不定詞を（　）で指示しました．

1 ＿＿＿＿＿＿＿＿＿＿＿＿＿＿＿＿＿＿＿＿＿＿. (manger)

2 ＿＿＿＿＿＿＿＿＿＿＿＿＿＿＿＿ ou du thé ? (préférer)

3 ＿＿＿＿＿＿＿＿＿＿＿＿＿＿＿＿ par avion. (envoyer)

4 ＿＿＿＿＿＿＿＿＿＿＿＿＿＿＿＿＿＿＿＿＿＿. (connaître)

5 ＿＿＿＿＿＿＿＿＿＿＿＿＿＿＿＿＿＿＿＿＿＿ ? (plaire)

6 Cet homme ＿＿＿＿＿＿＿＿＿＿＿＿＿＿＿＿. (savoir)

7 ＿＿＿＿＿＿＿＿＿＿＿＿＿＿＿＿＿＿＿＿＿＿. (ouvrir)

24 比較 (解答 p.148)

♥ ワン・ポイント解説 ♥ ☞ pp. 116-117 / p. 135

比較級と最上級の基本形

$$A + V + \begin{cases} \text{plus} \\ \text{moins} \\ \text{aussi} \end{cases} + 形容詞・副詞 + \text{que } B$$

A > B 優等比較
A < B 劣等比較
A = B 同等比較

$$A + V + \begin{cases} \text{le (la, les) plus} \\ \text{le (la, les) moins} \end{cases} + 形容詞 + \text{de...}$$

優等最上級
劣等最上級

＊副詞の最上級につける定冠詞は le のみ.

練習問題 1 ★★★★

和訳とあうように (　) 内に適当な語句を書き入れてください.

＊ (　) の大きさもヒントになっています.

1 ポールはマリーほど頭がよくない.
   Paul est (　　　) (　　　　　) que Marie.

2 フランスワインは日本のワインよりも良い.
   Le vin français est (　　　　) (　　　) le vin japonais.

3 ロワール川はフランスで一番長い川です.
   La Loire est (　　) (　　　) (　　　) fleuve de France.

4 彼女は姉〔妹〕ほど優しくない.
   Elle n'est pas (　　　) (　　　　) que sa sœur.

5 パリは世界で最も美しい都市の1つです.
   Paris est une des (　　　　) (　　　　　) villes du monde.

練習問題 2 ★★★

音声 24 を聞いて全文を書きとってください．

1 _____

   _____.

2 _____.

3 _____

   _____.

4 _____.

5 _____.

25 tout と指示代名詞 (解答 p. 149)

♥ ワン・ポイント解説 ♥ ☞ pp. 110-111 / pp. 118-119

(1) tout の用法
  (i) 名詞として　　　　　Tout va bien.　すべてうまく行っています.
  (ii) 形容詞として

男性単数	女性単数	男性複数	女性複数
tout	toute	tous	toutes

   toute la journée　1日中　　tous les jours　毎日
   Tout homme est mortel.　人は皆死を免れない.

  (iii) 副詞として　　　　C'est tout naturel.　それはしごく当然だ.
  (iv) 副詞句として　　　tout à coup 突然　　tout de suite すぐに

(2) 性数変化する**指示代名詞**

男性単数	女性単数	男性複数	女性複数
celui	celle	ceux	celles

 *"指示代名詞 ce ＋3人称の人称代名詞強勢形" の展開.
 *性数変化しない指示代名詞に ce, ça, ceci, cela があります.

練習問題 1　★★★

下記の文章を和訳してください.

1　Etes-vous tous d'accord ?

2　Ne répétez pas tout le temps la même chose !

3　Elle va à Lyon une fois tous les deux mois.

4　Tout homme peut se tromper.

5　Il n'y a pas de plaisir plus simple que celui de manger.

練習問題 2 ★★★

音声 25 を聞いて下線部を書きとってください．

1 Voici _____.

2 Je _____.

3 _____.

4 _____.

5 _____ aux échecs.

練習問題 3 ★★★

下記の文章の（　）内に入る適当な語を語群 a. ～ f. から選んでください．ただし，同じ語は1度しか用いません．

1 Vous exagérez, (　) !
2 Vous avez (　) raison.
3 On ne peut pas contenter (　).
4 Ils vont venir (　).
5 Ce film est projeté (　).
6 Quoi ? Ton frère dort (　) ?

◇ 語群 ◇

- **a.** tout à fait
- **b.** tout à l'heure
- **c.** tout de même
- **d.** tout le monde
- **e.** toute la journée
- **f.** tous les jours

26 数量副詞 (解答 p.150)

♥ ワン・ポイント解説 ♥　☞ pp.120-121 / pp.219-220

時・場所，様態・方法などを表す副詞の他に，beaucoup, peu など分量や程度を表す**数量副詞**があります．ちなみに「少し」「ほとんどない」の例を英語と比較して考えますと以下のような対応関係が見られます．

		英語	仏語
可算名詞	少し（肯定的）	*a few*	quelques
	ほとんどない（否定的）	*few*	peu de
不可算名詞	少し（肯定的）	*a little*	un peu de
	ほとんどない（否定的）	*little*	peu de

また，名詞を伴った比較表現に使われる plus de, moins de, autant de も数量副詞です．

練習問題 1　★★★

下記の（　）内に記された2つの語句のうち，いずれか適当な語を選んでください．

1　Elle a (beaucoup de / plus de) patience que lui.

2　J'ai (beaucoup d' / un peu d') amis à Paris.

3　Il prend (une tasse de / un verre de) café.

4　J'ai (aussi de / autant de) livres que Marie.

5　Il fait (beaucoup / trop) froid.

6　Elle parle (assez / beaucoup) bien le français.

7　Il y a (beaucoup / bien) du monde dans ce quartier.

8　(Une feuille de / Un morceau de) papier, s'il vous plaît.

練習問題 2 ★★★

次の語句を正しい語順に並べかえてください.

1 Vous [du, avez, courage, bien].

2 [train, beaucoup, en, de, sont, de gens] jouer au tennis.

3 Est-ce que votre père [autrefois, moins, boit, qu'] ?

4 Elle lit [vous, plus, que, livres, de].

5 Il n'y a pas [d'août, assez, touristes, pour, de, un mois].

練習問題 3 ☆☆：☆は準備レベルを表します.

音声 26 を聞いて下線部を書きとってください.

1 _____ ?

2 _____ .

3 Ma sœur _____.

4 Ce travail _____

_____.

27 代名動詞 (解答 p. 152)

♥ ワン・ポイント解説 ♥ ☞ pp. 124-125 / p. 224 / p. 232

代名動詞は再帰代名詞（英語の *oneself* に相当する語）を伴って用いられる動詞です．再帰代名詞は直接目的語あるいは間接目的語の役割をはたします．活用・用例は以下の通り．

```
se coucher    je me couche         nous nous couchons
              tu te couches        vous vous couchez
              il se couche         ils  se  couchent
```

(1) 再帰的用法：主語の行為が主語自身に戻ってくるもの．

   Il se couche vers minuit. 彼は夜 12 時頃に寝る．

  ＊ se coucher →（自分自身を）寝せる ⇨ 寝る

(2) 相互的用法：複数主語で行為が相互的に行われるもの．

   Ils se regardent sans rien se dire.
       彼らは互いに何も言わずに見つめ合う．

  ＊相互的用法であることを明確にするために l'un l'autre, l'un à l'autre などを添えることがあります．

(3) 受動用法：3 人称の物を主語として受動的意味を表すケース．

   Cette expression ne s'emploie plus.
       この表現はもう使われていない．
   ＝ On n'emploie plus cette expression.

(4) 本来的代名動詞：代名動詞としてのみ使う動詞．

   se moquer de：～をからかう／ se souvenir de：～を思い出す *etc.*

練習問題 1 ★★★★

（   ）内の動詞を直説法現在（3 は不定詞）に活用して和訳してください．

1 Ce médicament (se prendre   )-il après les repas ?

   →

2 Vous (se tromper   ) complètement.

   →

3 Pouvons-nous (se revoir   ) dans huit jours ?
→

4 Tu ne (se doucher   ) pas ce soir ?
→

5 Elles (se moquer   ) toujours de moi.
→

練習問題 2 ★★★

音声 27 の6つの質問を聞いて，下記の a. ～ f. のなかから適当な返答を選んでください．

1   2   3   4   5   6

a. A huit heures et demie.
b. C'est tout droit.
c. Un peu mieux.
d. Oui, petit à petit.
e. Non, pas du tout.
f. Jeanne, Jeanne Moreau.

28 命令法 (解答 p. 154)

♥ ワン・ポイント解説 ♥ ☞ pp. 126-127

英語では原形を使って表現する命令文をフランス語では多くが直説法現在の活用形を使って表します．

```
------ chanter の命令法 ------
tu    chantes   → Chante !*
nous  chantons  → Chantons !
vous  chantez   → Chantez !
```

* 2人称単語の語尾〈s〉は —er 動詞など大半の動詞で省かれます．
* 特殊な命令法を持つ語に avoir, être などがあります．
　　avoir Aie / Ayons / Ayez　　　être Sois / Soyons / Soyez
* 命令文と補語人称代名詞を添えるときの位置．
　　肯定命令のとき　　動詞（命令法）— 補語人称代名詞
　　　　　　　　　　　　*ただし，me, te は moi, toi を用います．
　　否定命令のとき　　Ne + 補語人称代名詞 — 動詞（命令法）+ pas

練習問題 1 ★★★★

下記の語群から適当な動詞を選び命令形にして（　　）内に書き入れ，和訳してください．

1　(　　　　　　　　), sinon nous allons être en retard.

2　(　　　　　　　　)-moi, s'il te plaît.

3　Ne (　　　　　　　　) pas trop, sinon tu vas grossir.

4　(　　　　　　　　), je vous en prie.

◇ 語群 ◇

　s'asseoir　　se dépêcher　　manger　　téléphoner

練習問題 2 ★★★★

例にならって下線部を人称代名詞に置き換えた命令文にしてください.

例：Tu dois donner ces livres à ta sœur.

→ Donne-les à ta sœur.

1 Vous ne devez pas manger ce champignon.
→

2 Nous devons finir nos devoirs aussitôt que possible.
→

3 Tu dois être prudent avec cet homme.
→

練習問題 3 ★★★

音声 28 を聞いて全文を書きとってください.

1 _____.

2 _____.

3 _____.

4 _____, _____?

5 _____.

29 副詞 (解答 p. 155)

♥ ワン・ポイント解説 ♥ ☞ pp. 128-129

数量副詞は **26** でチェック済みですがさまざまな用法の**副詞**を見ていきます.
(1) 場所の副詞の例
  ici ここに là あそこに devant 前に
  derrière 後ろに près 近くに
(2) 時・頻度の副詞の例（状況補語）
  maintenant いま demain 明日 ce matin 今朝
  toujours いつも de temps en temps ときどき
(3) 様態の副詞の例
  bien 良く mal 悪く vite 速く
  lentement ゆっくり ensemble 一緒に
(4) 推定の副詞の例
  peut-être たぶん sans doute おそらく
(5) 量・程度の副詞の例 → **26**
  environ およそ tout à fait まったく

練習問題 1 ★★★

(　) 内に語群から適当な副詞を選び和訳してください. ただし, 同じ語は1度しか用いません.

1　Vous avez (　　　　　) besoin de cela ?

2　(　　　　　), je suis occupé(e).

3　Déjeunons (　　　　　) dans ce restaurant italien, d'accord ?

4　Hâte-toi (　　　　　).

5　Il habite ici depuis (　　　　　) vingt ans.

6　Marc connaît (　　　　　) la littérature japonaise.

7　Passez (　　　　　).

8　Mon frère n'est pas (　　　　) chez lui.

9　L'hiver n'est plus (　　　　).

10　La jeunesse passe bien (　　　　).

◇ 語群 ◇

devant　ensemble　environ　lentement　loin
mal　malheureusement　souvent　vite　vraiment

練習問題 2　☆☆

音声 **29** を聞いて下線部を書きとってください．

1　_____, _____,

de votre premier amour ?

2　_____.

3　Durant le cours, _____

_____.

4　_____.

5　_____

à vos questions.

30 初級文法編・総復習 (解答 p. 157)

練習問題 1 ★★★★

例にならって下線部をたずねる倒置の疑問文にしてください.

例：J'ai <u>trois livres</u>.
　　→ Combien de livres avez-vous [as-tu] ?

1　Je vais chercher <u>mon ami</u> à la gare.
　→

2　Elle se lève à <u>sept heures et quart</u>.
　→

3　Nous habitons <u>dans la banlieue de Paris</u>.
　→

4　Il joue au golf <u>avec André</u>.
　→

5　Je vais à Paris <u>en voiture</u>.
　→

練習問題 2 ★★★★

(　) 内に下記の語群から適当な動詞を選び直説法現在に活用してください. ただし, 同じ語は1度しか用いません.

1　— Encore du café ?　— Je (　　) bien.
2　— (　　)-je vous aider ?　— Non merci.
3　— Où est-elle ?　— Elle (　　) être au jardin.
4　— Tu (　　) faire du ski ?　— Oui, Madame.
5　— (　　)-il partir tout de suite ?　— Oui, bien sûr.

◇ 語群 ◇

　devoir　　falloir　　pouvoir　　savoir　　vouloir

練習問題 3 ★★★

[　] 内の語を正しい語順に並べかえてください.

1 [sortez, ne, les, tous, pas, soirs].
   →

2 Il a [livres, que, fois, plus, trois, vous, de].
   →

3 Que [pour, faire, puis, toi, je] ?
   →

4 [M. Dupond, moi, vous, permettez, présenter, de].
   →

練習問題 4 ☆☆

音声 30 の 1 ～ 7 の返答を聞いて下記の a. ～ g. のどの質問に対する返答として適当か解答してください.

　　　a.　　**b.**　　**c.**　　**d.**　　**e.**　　**f.**　　**g.**

a. Où est-ce que tu as mal ?
b. Faut-il faire cela ?
c. Tu as du travail ?
d. Tu lui donnes quel âge ?
e. Vous prenez du café au lait ?
f. Pourquoi faites-vous ce détour ?
g. Depuis combien de temps es-tu là ?

中級文法編

　『ケータイ〈万能〉フランス語文法』の **pp. 137-235** に載っている中級文法（フランス語をはじめてほぼ1年かけて学習する事項）を練習問題を解きながら自分のモノにしていきます．

　なお，**音声** での聞きとりはレベルの高さを考えて，すべて文章を2度読んでいます．自然なスピード（1度目），途中ポーズを置いてゆっくり（2度目）という展開です．ディクテの基礎力を確実に身につけて，フランス語のレベルアップをはかりましょう．

31 直説法複合過去 (解答 p. 158)

♥ ワン・ポイント解説 ♥ ☞ pp.144-149

複合過去のパターン（作り方）には下記の２つがあります．
(1) avoir（直説法現在の活用）＋過去分詞
(2) être（直説法現在の活用）＋過去分詞

A 過去分詞の形

-é 型：すべての -er 動詞　　　parler → parlé,　aller → allé
-i 型：-ir 動詞の大半　　　　　finir → fini,　sortir → sorti
-u 型：-re, -ir, -oir を -u に　tenir → tenu,　vouloir → voulu
不規則なもの：　　　　　　　　avoir → eu,　etre → été,　faire → fait, *etc.*

B (1) すべての他動詞と大半の自動詞がこの形で複合過去になります（注意：直接目的語が過去分詞よりも前の位置に置かれると，過去分詞がこの直接目的語と性・数一致します）．

　　例：J'ai acheté cette montre hier.　この時計を昨日買った．
　　　→ Je l'ai achetée hier.　　　　それを昨日買った．
　　＊過去分詞が直接目的語 l' = la (cette montre) の性・数に一致．

(2) 往来発着・移動のニュアンスを持つ自動詞とすべての代名動詞で用います．なお，過去分詞の主語との性・数一致に注意してください（注意：代名動詞の場合，再帰代名詞が直接か間接かの違いによって前者は性・数一致が起こりますが，後者は一致しません）．

　　例：Elle est allée chez le dentiste.　　彼女は歯医者へ行った．
　　　　a. Elle s'est levée à huit heures.　彼女は8時に起きた．
　　　　b. Elle s'est lavé le visage.　　　彼女は顔を洗った．
　　＊a. の再帰代名詞は直接目的語，b. のそれは間接目的語．

練習問題 1 ★★★★

次の文章を複合過去の文章に書き換えてください．

1 Nous finissons ce travail.
 →

2 Elles se couchent vers minuit.
 →

3 Il ne fait pas froid aujourd'hui.
 →

4 Vous ne rencontrez pas Paul ce soir ?
 →

5 Elle part de Narita à six heures du matin.
 →

練習問題 2 ★★★

[　]内の単語を適当な語順に並べかえてください．なお，動詞は語群から適当な語を選び複合過去に活用して解答してください．

1 Ils [sur, problèmes, discuter, à, ces].
 →

2 La voiture [banque, devant, la].
 →

3 Marie [jambe, la, soir, hier].
 →

4 Votre fille [déjà, de, l'école] ?
 →

5 Ils [ordres, à, n', ces, pas].
 →

◇ 語群 ◇

　　s'arrêter　se casser　commencer　obéir　rentrer

32 関係代名詞 ①・強調構文 (解答 p. 160)

♥ ワン・ポイント解説 ♥ ☞ pp. 150-153 / pp. 156-157

関係代名詞

(1) **qui** 主語(先行詞は人でも物でもかまいません).

Prenez le journal qui est sur la table, s'il vous plaît.
テーブルの上にある新聞をとってください.

(2) **que** 直接目的語(先行詞は人でも物でもかまいません).

Vous connaissez la femme que j'ai saluée ?
私が挨拶した女性をご存じですか.

(3) **dont** "de +名詞(先行詞)" を受けます.

C'est le film dont j'ai parlé hier.
これは昨日私が話した映画です. * parler de + *qch.*「〜について話す」

(4) **où** 場所・時を先行詞にします.

Voilà la maison où elle est née.
あれが彼女の生家です.

強調構文

C'est … qui で主語を,それ以外の要素を **C'est … que** の形で強調する文章が作れます.

練習問題 1 ★★★

次の ( ) 内に適当な関係代名詞を入れ和訳してください.

1 Il demeure dans un appartement (　　　) donne sur la mer.

2 L'appartement (　　　) il demeure est très confortable.

3 Voici les lettres (　　　) j'ai écrites à mes amis.

4 Voici les documents (　　　) ils ont besoin.

5 C'est un écrivain (　　　) les romans se vendent bien.

6 Je vais te présenter un écrivain (　　　) je connais.

7 Elle connaît un écrivain (　　　) habite à Nice.

8 Te souviens-tu du jour (　　　) je t'ai rencontrée pour la première fois ?

練習問題 2 ★★★

〈 C'est une actrice … 〉の文章の後に続けられる文を a. ～ e. からすべて選んでください.

a. qui est très populaire au Canada.

b. qui joue le role de l'institutrice dans ce film.

c. que j'ai vu plusieurs fois dans ce restaurant.

d. dont le père est avocat en Belgique.

e. dont nous avons parlé avant-hier.

練習問題 3 ☆☆

音声 **31** を聞いて全文を書きとってください.

1 _____.

2 _____.

3 _____.

4 _____.

5 _____.

33 疑問代名詞 ②・関係代名詞 ② (解答 p. 162)

♥ ワン・ポイント解説 ♥ ☞ pp. 153-155

(1) **疑問代名詞 ②**：〈定冠詞＋疑問形容詞 quel 〉の形で選択を問う疑問詞で人にも物にも使います．

男性単数	女性単数	男性複数	女性複数
lequel	**laquelle**	**lesquels**	**lesquelles**

(2) **関係代名詞 ②**

・前置詞＋ qui：前置詞をともなう間接目的語や状況補語を表す関係代名詞で先行詞が人のときに使います．

Elle a des amis sur qui elle peut toujours compter.
 彼女にはいつも頼れる友達がいる．

・前置詞＋ lequel (laquelle, lesquels, lesquelles)：先行詞が物の場合に用います．なお，前置詞が à, de の場合には定冠詞との縮約が起こります．

C'est le projet auquel tu penses en ce moment ?
 それは君がいま考えている計画ですか．

練習問題 1 ★★★

疑問代名詞 (lequel, laquelle, lesquels, auquel のいずれか) を (　) 内に入れてください．

1 — Il y a plusieurs solutions. — (　　　　　　　) est la plus sûre ?

2 — Elle a acheté deux romans policiers. — (　　　　　　　) ?

3 — (　　　　　　　) de ces tableaux préférez-vous ?
 — Je préfère celui-ci.

4 — (　　　　　　　) de ces enfants as-tu donné ce jouet ?

練習問題 2 ★★★

[　]内の語句を正しい語順に並べかえてください．

1. C'est un problème [je, pensé, auquel, n', jamais, ai].
   →
2. [femme, qui, il, avec, la, danse] est avocat.
   →
3. Les gens [il, chez, demeure, qui] ne sont pas français.
   →
4. Ceux [des, pose, qui, questions, à, je] ne répondent pas.
   →
5. J'ignore encore [déménager, raison, veut, laquelle, que, possible, aussitôt, pour, il, la].
   →

練習問題 3 ☆☆

次の（　）に入る語句を下記の語群 1 〜 5 のなかから選んでください．なお，同じ語は 1 度しか用いません．

1. Comment s'appelle la femme (　　　) il parle ?
2. La voiture (　　　) on va monter est une Renault.
3. C'est la voiture (　　　) j'ai fait allusion.
4. Plusieurs hommes sont blessés, (　　　) se trouve votre ami.
5. Il faut aussi penser aux gens (　　　) on a des obligations.

◇ 語群 ◇

1. à qui
2. envers qui
3. à laquelle
4. dans laquelle
5. parmi lesquels

34 直説法半過去（VS 複合過去）(解答 p. 164)

♥ ワン・ポイント解説 ♥ ☞ pp. 158-161

(1) **半過去**は，過去のある時点における進行中の動作（まだ半ばであること），あるいは過去の習慣などを表す時制．活用語尾の形態は以下の形（全ての動詞に共通）．

je —**ais**	nous —**ions**
tu —**ais**	vous —**iez**
il —**ait**	ils —**aient**

＊語幹は直説法現在の nous の語幹と同じ（être のみ例外）．

例：nous avons → av- ／ nous finissons → finiss-

ただし，être の半過去の語幹は〈 ét- 〉です．

(2) 複合過去と半過去との比較．

複合過去が "点"「〜した」を表す時制であるのに対して，**半過去**は "線"「〜していた」を表す時制という対比がなりたちます．

例：Quand il est entré dans sa chambre, elle jouait du piano.
　　彼が部屋に入っていったとき，彼女はピアノをひいていた．

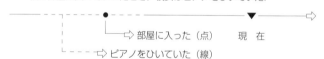

　　　　　➪ 部屋に入った（点）　　現　在
　　　　　➪ ピアノをひいていた（線）

ただし，半過去は動作・状況を未完了として（いまだに終わっていないこととして）表記する時制である点に注意して下さい．

例：A midi, il pleuvait.　　　　　昼に雨が降っていた．
　　Pendant deux heures, il a plu.　2時間雨が降った．

＊前者は「そのとき雨はやんでいなかった」，後者は「雨は今はやんだ」の意味．後者の展開に半過去を用いることはできません．

練習問題 1 ★★★

和訳を参考にして，下記の語群から適当な動詞を選び，複合過去か半過去に活用して（　）内に書き入れてください．

1　私が新聞を読んでいたら，彼女が入ってきた．

　　Je (　　　　) le journal quand elle (　　　　).

2　この冬東京では2度雪が降りました．

　　Il (　　　　) deux fois à Tokyo cet hiver.

3　子供の頃，よく海岸を散歩したものだ．

　　Dans mon enfance, je (　　　　) souvent au bord de la mer.

4　朝食の前に彼女は手を洗った．

　　Elle (　　　　) les mains avant le petit-déjeuner.

5　学生のころ，彼は学食で食事をしていた．

　　Quand il (　　　　) étudiant, il (　　　　) au resto-U.

◇ 語群 ◇

entrer　être　se laver　lire　se promener　manger　neiger

練習問題 2　☆☆

音声 **32** を聞いて全文を書きとってください．

1　_____．

2　_____．

3　_____？

4　_____
　_____．

35 直説法大過去 (解答 p. 166)

♥ ワン・ポイント解説 ♥ ☞ pp. 162-163

(1) 現在を基準に過去を表す際に,

(複合過去)〈 avoir / être の直説法現在＋過去分詞 〉

を使うように，基準となる過去のある時点ですでに完了した行為・状態（過去における過去＝過去完了），あるいは半過去で表される習慣・反復に先立って行われた習慣や反復行為を表すためには，

(**大過去**)〈 avoir / être の直説法半過去＋過去分詞 〉

を用います．なお，avoir か être いずれの助動詞を使うかは複合過去に準じます．

例：Quand il est arrivé à la gare, le train était déjà parti.

彼が駅に着いたとき，列車はすでに出発してしまっていた．

(2) 時制照応の結果としての「現在 vs 半過去」と「複合過去 vs 大過去」の関係はしっかり記憶しておく必要があります．

発話の基準点を現在から過去に移すと現在が半過去に移行する動きに準じて，基準点の変化により複合過去は大過去に移行します．

例：(基準点の相違) 彼は3日前から行方知れずだ（だった）．

　　Il a disparu depuis trois jours. → 基準点：現在（発話時）
　　Il avait disparu depuis trois jours. → 基準点：過去のある時点

＊詳細は **43** 話法・時制照応を参照ください．

練習問題 1 ★★★

語群から適当な動詞を選び（　）内に適当な時制に活用して入れ，和訳してください．

1 Quand il (　　　　　　　) son travail, il prenait un petit café.
   →

2 Quand elle était jeune, elle (　　　　　　　) dans un café.
   →

3 Elle (　　　　　　) de se noyer.
   →

4 Avez-vous fini les devoirs que je vous (　　　　　　　) ?
   →

5 Quand ma sœur (　　　　　　), elle a oublié son sac.
   →

◇ 語群 ◇

donner　finir　manquer　partir　travailler

練習問題 2 ☆☆

音声 33 を聞いて下線部を書きとってください．

1 C'était il y a trois ans. _____,
   _____.

2 _____
   _____.

36 直説法単純未来・直説法前未来 (解答 p.167)

♥ ワン・ポイント解説 ♥ ☞ pp. 164-167

(1) **単純未来**の形態：語尾はすべての動詞に共通.

je —**rai**	nous —**rons**
tu —**ras**	vous —**rez**
il —**ra**	ils —**ront**

* ⟨ -r + avoir の直説法現在の活用 ⟩
(nous, vous は ⟨ av ⟩ を削除) という形で展開.

語幹のパターン

- -er 動詞：je の現在形＋語尾　parler → je parlerai …
- その他の動詞：不定詞から語末の r, re を落としたもの＋語尾
  finir → je finirai …
- 不規則：avoir → j'aurai …　　être → je serai …

Il arrivera à Paris demain matin.　　　彼は明朝パリに着きます.
　＊未来に実現されるはずの事柄を表します.

Tu viendras demain à huit heures ?　　明日8時に来てくれますか.
　＊2人称主語で命令・依頼を表します.

(2) **前未来**：英語の未来完了に相当するもので，未来のある時点で完了している事柄を表します.

⟨ avoir / être の直説法単純未来＋過去分詞 ⟩

＊助動詞の選択は複合過去に準じます.

用例：Le train sera parti quand il arrivera à la gare !
　　　彼が駅に着くころには列車は出発してしまっているだろう.

練習問題 1 ★★★

和訳を参考にして下記の語群から適当な動詞を選び（　）内に適当な時制にして入れてください．あわせて，下線部に相当する副詞句も書き入れてください．

1　1時間後にはこの手紙を書き終えているでしょう．

　　J'(　　　　　　　) cette lettre _____.

2　あなたは一生懸命宿題をなさい．

　　Vous (　　　　　　　) vos devoirs avec application.

3　私は来月フランスへ出発します．

　　Je (　　　　　　　) pour la France _____.

4　試験は明後日行われます．それからあなた方は休みです．

　　Les examens (　　　　　　　) _____, puis vous serez en vacances.

5　彼女たちは来週私に会いに来るでしょう．

　　Elles (　　　　　　　) me voir _____.

◇ 語群 ◇

　avoir lieu　　faire　　finir　　partir　　venir

練習問題 2 ★★★

下線を引いた動詞を単純未来形にして，[　]内の語句を意味が通じるように並べかえてください．

1　Tu [pouvoir, tu, bien, devenir, travailles, avocat, si].
　→

2　J'[acheter, de, pour, une, robe, le mariage, mon ami].
　→

3　Vous [donner, coup, téléphone, me, de, un] ce soir.
　→

4　On [pouvoir, demain, vous, aller, voir, ne, pas].
　→

37 受動態 (解答 p. 168)

♥ ワン・ポイント解説 ♥ ☞ pp. 168-169

受動態の考え方は英語と同じ展開です.

＊パターン

〈 助動詞（être の活用）＋過去分詞（他動詞）＋ par/de … 〉

例： Il écrit une lettre.　　　　　彼は手紙を書く.

　　Une lettre est écrite par lui.　手紙が彼によって書かれる.

◇ 注意 ◇

(1) 過去分詞は主語の性・数に一致します.

(2) 受動態の時制は être によって決定します.

例：Une lettre a été écrite par lui.
　　　手紙が彼によって書かれた（複合過去）.

(3) 受動態の動作主（人称代名詞は強勢形になる）は，通常 par によって導かれますが，「愛される être aimé」「尊敬される être respecté」など，行為が継続的・習慣的な場合には de が使われます. ただし，動作主が明示されないケースもままあります.

(4) 英語ほど受動態の頻度は高くありません. 不定代名詞 on や代名動詞が受動的なニュアンスを表す場合など，他に受け身の含みを持つ表現があるためです.

例：Le français est parlé au Québec.
　　＝ On parle (le) français au Québec.
　　＝ Le français se parle au Québec.
　　　ケベック州ではフランス語が話されている.

練習問題 1 ★★★

下記の文章（2は下線部のみ）の態を変えてください．

1 On nommera Mme Durand Ministre des Affaires Etrangères.
   →

2 Elle est tellement charmante que <u>tout le monde l'aime</u>.
   →

3 Qui vous a envoyé ce paquet ?
   →

4 Ce magasin a été fermé à cause d'une panne d'électricité.
   →

5 Le public la connaît bien.
   →

練習問題 2 ☆☆

音声 34 を聞いて下線部を書きとってください．

1 _____.

2 _____

   naturelle de la vie.　(Bergson)

3 _____ ?

4 _____, _____.

38 現在分詞・ジェロンディフ (解答 p. 169)

♥ ワン・ポイント解説 ♥ ☞ pp. 170-173 / pp. 221-222

現在分詞の形態は原則として直説法現在の nous の活用語尾 -ons を -ant に変えてつくります.

例: parler nous parlons → parlant
例外:être → étant, avoir → ayant, savoir → sachant

用法・用例

(1) 現在分詞派生の形容詞を作る:修飾する名詞(代名詞)と性・数一致します.

des livres intéressants 面白い本

(2) 形容詞的用法:一般に関係代名詞 qui で導かれる節に置きかえられます.

C'est un chien obéissant (qui obéit) à son maître.
これは飼い主の言うことをきく犬です. (性・数不変)

(3) 副詞的用法:英語の分詞構文に相当するもので,「理由・時・譲歩」などを表す副詞節に代わり,主に書き言葉で用いられます.

これに類した形に〈 **en -ant** 〉の形で展開する口語的表現にジェロンディフがあり,「同時性・条件・対立・譲歩」などを表します. ただし,通常,「理由」を表すには前者を,「手段・条件」を表すには後者を用いるといった違いがあります.

Etant malade, elle n'est pas venue hier soir.
= Comme elle était malade, elle n'est pas venue hier soir.
彼女は病気だったので,昨晩は来なかった.

Il marchait dans le bureau en fumant.
= Pendant qu'il fumait, il marchait dans le bureau.
彼はタバコを吸いながら事務所を歩いていた.

練習問題 1 ★★★

下線部を現在分詞を使って書き換えてください．

1 J'ai perdu un sac qui contient toutes mes affaires.
   →

2 Comme elle avait trop mangé, elle avait mal à l'estomac.
   →

3 Comme il n'avait pas travaillé, il a échoué à son examen.
   →

4 Elle est très triste parce que son petit ami est parti.
   →

練習問題 2 ★★★

[ ]内の語を正しい語順に並べかえてください．

1 Il [la, sa, préparant, regarde, télévision, leçon, en].
   →

2 [la, tout, en, sachant, vérité], il n'a rien dit.
   →

3 [satisfaits, parents, étant, ses], il est satisfait aussi.
   →

練習問題 3 ☆☆

音声 35 を聞いて下線部を書きとってください．

1 Un homme _____.

2 _____, _____
   _____.

39 条件法現在・過去 (解答 p. 171)

♥ ワン・ポイント解説 ♥ ☞ pp. 174-177

(1) **条件法現在**:「単純未来の語幹＋半過去の語尾」で作られます．

je —**rais**	nous —**rions**	aimer → j'aimerais
tu —**rais**	vous —**riez**	avoir → j'aurais
il —**rait**	ils —**raient**	être → je serais

用法：a. 現在の事実に反する仮定「もし～なら … するのだが」．

〈 Si ＋直説法半過去，条件法現在 〉

S'il faisait beau, nous ferions une promenade.
　　もし晴れていれば，私たちは散歩をするのだが．

cf. "Si ＋直説法半過去" の形で願望・危惧・勧誘を表します．
　　Ah ! Si je savais nager ! ああ，泳げたらなあ．

b. 語調の緩和・推測・反語などを表します．
　　Je voudrais acheter une voiture. 車を買いたいのですが．

(2) **条件法過去**:〈 avoir / être の条件法現在＋過去分詞 〉

＊助動詞の選択は複合過去に準じます．

用法：a. 過去の事実に反する仮定「もし～だったら … したのだが」．

〈 Si ＋直説法大過去，条件法過去 〉

Si j'avais eu le temps, j'aurais fini ce travail.
　　もし時間があったら，私はその仕事を終えていたのに．

b. 語調の緩和・推測・反語などを表します．

Qui aurait pu prévoir cet incident ?
　　誰がその事故を予測できただろうか（誰にもできやしない）．

練習問題 1 ★★★

下記の語群から動詞を選び適当な法と時制に活用して（　）内に入れてください．ただし，同じ語は1度しか用いません．

1 S'il fait beau demain, je (　　　　　　) avec Marie.
2 Si j'étais à Kyoto en ce moment, je vous (　　　　　) visite bien sûr.
3 S'il m'avait aidé(e), je (　　　　　　) maintenant plus riche.
4 Si tu avais parlé plus lentement, il (　　　　　　).
5 A votre place, je ne (　　　　　　) pas ça comme ça.
6 Que (　　　　　)-vous si vous étiez riche ?
7 Si on (　　　　　) au café près d'ici ?

◇ 語群 ◇

aller　comprendre　dire　être　faire　rendre　sortir

練習問題 2 ☆☆

音声 36 を聞いて全文を書きとってください．

1 _____.
2 _____ : _____
    _____, _____. (Pascal)
3 _____, _____
    _____. (Alain-Fournier)

40 中性代名詞・所有代名詞 (解答 p. 172)

♥ ワン・ポイント解説 ♥ ☞ pp. 178-179 / pp. 182-183

(1) **中性代名詞**：前文の性・数を持った名詞を受ける補語人称代名詞とは違って性・数変化をしない代名詞です．

(i) 〈 **en** 〉：（原則）"de +名詞".

・"de +場所" を受けます．
— Tu viens de Paris ? — Oui, j'en viens. はい，そうです．

・"不定冠詞（部分冠詞・数詞・数量副詞）+名詞" に代わります．
— Combien d'enfants avez-vous ? — J'en ai un. 一人います．

(ii) 〈 **y** 〉：（原則）"à +名詞".

・"à (en, dans ...) +場所" を受けます．
— Elle est encore à Paris ? — Non, elle n'y est plus.
　　　　　　　　　　　　　　　　　　　　いいえ，もういません．

・"à +名詞（事物）（あるいは不定詞）" を受けます．
— Tu penses à ton avenir ? — Oui, j'y pense toujours.
　　　　　　　　　　　　　　　　　　　ええ，いつも考えています．

(iii) 〈 **le** 〉：前文のさまざまな要素．

・属詞（形容詞・名詞）や不定法，過去分詞等々を受けます．
— Vous étiez content(e) ce soir-là ? — Oui, je l'étais.
　　　　　　　　　　　　　　　　　　　　　　　　　はい，満足しました．

(2) **所有代名詞**：定冠詞とともに用いて「誰々の（所有形容詞）+名詞」に代わって用いられる語．

形（例）	男性単数	女性単数	男性複数	女性複数
je	le mien	la mienne	les miens	les miennes

用例

Ta montre est moins chère que la mienne. (= ma montre)
　君の時計は私のほど値段が高くない．

練習問題 1 ★★★

1～4から適当な代名詞を選び（　）内に入れてください．

1 — Est-il content de sa voiture ?
   — Oui, il (　　　) est content.
   1. en　　2. l'　　3. lui　　4. y

2 — Vous êtes fatiguées ?　— Oui, nous (　　　) sommes.
   1. en　　2. la　　3. le　　4. y

3 — Tu connais Dijon ?
   — Non, je n'(　　　) suis jamais allé(e).
   1. en　　2. eux　　3. le　　4. y

4 — A-t-elle des dictionnaires ?
   — Oui, elle (　　　) a beaucoup.
   1. en　　2. la　　3. le　　4. y

5 Je n'aime pas ce règlement.　Mais, on doit (　　　) obéir.
   1. en　　2. la　　3. le　　4. y

6 Je veux devenir professeur, et je (　　　) deviendrai.
   1. en　　2. la　　3. le　　4. y

7 Jean a une belle montre et il (　　　) est fier.
   1. en　　2. la　　3. le　　4. y

練習問題 2 ☆☆

音声 37 を聞いて全文を書きとってください．

1 _____.

2 _____, _____.

3 _____
_____. (La Rochefoucauld)

41 不定形容詞・不定代名詞 (解答 p. 173)

♥ ワン・ポイント解説 ♥ ☞ pp. 180-181 / p. 199

(1) すでに見た **25** tout を除く主な**不定形容詞**の用例.

- **aucun(e)**:「いかなる〜, どんな〜, 何らの〜」
  * ne, sans とともに否定的に用いられます.

  Il n'y a plus aucun espoir.　　もはやいかなる希望もない.

- **certain(e)**:「(不定冠詞を伴う単数名詞の前で) ある〜」/「(複数名詞の前で) あるいくつかの〜」

  Elle a un certain charme.　　彼女はなかなか魅力がある.

- **chaque**:単数で用いて「各々の, 毎〜, 〜ごとに」

  Chaque rue a son nom.　　各通りに名前がある.

- **quelque**:「(単数名詞の前で) ある, なんらかの〜」「(複数名詞の前で) いくつかの, 何人かの〜」

  J'ai quelques amis en France.　　フランスに何人か友人がいる.

(2) すでに見た **25** tout を除く主な**不定代名詞**の用例.

- **aucun(e)**:「誰も, どれも」/ **personne**:「誰も〜ない」
  * ne, sans とともに否定的に用いられます.

  Je n'ai vu personne.　　誰も見なかった.

- **chacun(e)**:単数で扱い「それぞれ, めいめい」の意味.

  Chacun est rentré chez soi.　　各人が自宅に戻った.

- **rien**:ne とともに用いて「何も〜ない」

  Ça ne fait rien.　　構いません.

- **quelqu'un (une)**:「誰か, ある人」/ **quelque chose**:「何か, ある物」

  As-tu quelque chose à faire ?　　君は何かすることがあるの.

練習問題 1 ☆☆

( )内に入る適当な語句を下記の語群 1～9 から選んでください．ただし，同じ語は1度しか用いません．

1　(　　　　) te demande au téléphone.
2　Cela n'a (　　　) importance.
3　Cela demande une (　　　) patience.
4　Elle habite à (　　　) distance d'ici.
5　La marée n'attend (　　　).
6　(　　　) pense d'abord à soi.
7　Je n'ai (　　　) à faire aujourd'hui.

◇ 語群 ◇

1. aucun　　　2. aucune　　　3. certain
4. certaine　　5. chacun　　　6. personne
7. quelque　　8. quelqu'un　　9. rien

練習問題 2 ★★

音声 38 を聞いて全文を書きとってください．

1 _____

_____ .

2 _____ ,

_____ .

3 _____ .

42 接続法現在・過去 (解答 p. 174)

♥ ワン・ポイント解説 ♥ ☞ pp. 184-187

接続法の形態は，avoir, être を除いて次の共通語尾をとります．

que je —**e**	que nous —**ions**
que tu —**es**	que vous —**iez**
qu'il —**e**	qu'ils —**ent**

＊語幹の原則
語幹は3人称複数形の直説法
現在の活用語尾から〈 —ent 〉
を取り除いた形．

例外： avoir　que j'aie …　qu'il ait …　que nous ayons
　　　etre　que je sois …　qu'il soit …　que nous soyons
　　　faire　que je fasse / aller　que j'aille *etc.*

用法・用例

(1) **接続法現在**：名詞節・副詞節・形容詞節のなかで使われます．

- 主節の動詞が意志・疑い・感情等を表したり，非人称構文，ならびに主節が疑問・否定で従属節が不確定な意味を表すとき．

　Il faut que j'aille à Osaka.　　　　　　私は大阪に行かなければならない．
　Croyez-vous qu'il soit malade ?　　　彼は病気だと思いますか．

- 関係代名詞の節のなかで，先行詞に最上級（相当）の語が付いている場合や先行詞が否定されていたりするケースで．

　C'est le meilleur acteur que je connaisse.
　　　彼は私の知っている最もすばらしい俳優だ．

- 目的，譲歩，条件などを表す接続詞（句）の後で．

　Bien qu'il soit malade, il travaille.　　　彼は病気なのに働いている．

(2) **接続法過去**：〈 avoir / être の接続法現在＋過去分詞 〉

主節の動詞よりも以前に行われた行為を表します．

C'est dommage qu'elle soit déjà partie.　彼女がすでに出発したとは残念だ．

練習問題 1 ★★★

下記の A 群と B 群とをつないで適当な文章をつくり和訳してください．

A 群	B 群
1 Je suis très triste	a. qu'elle a raison.
2 Elle travaille encore	b. qui puisse la convaincre.
3 Il faut	c. qu'elle soit morte.
4 Il me semble	d. bien qu'elle soit âgée.
5 C'est le seul ami	e. qu'elle parte demain.

練習問題 2 ☆☆

（　）内に入る適当な動詞を下記の語群から選び，適当な法と時制に活用してください．なお，同じ語は1度しか用いません．

1　Il doute qu'ils (　　　　　　　) parler français.
2　Il n'y a personne qui (　　　　　　　) comme vous.
3　C'est le plus beau château qu'elle (　　　　　　　).
4　Quoiqu'il (　　　　　　　) nager, il ne se baigne pas.
5　Je suis content(e) que tu (　　　　　　　) à l'examen.

◇ 語群 ◇

savoir　　pouvoir　　réussir　　visiter　　vivre

練習問題 3 ★★

音声 39 を聞いて全文を書きとってください．

1 _____.

2 _____.

43 話法・時制照応 (解答 p.176)

♥ ワン・ポイント解説 ♥ ☞ pp.190-191

簡単に記せば、話者の言葉を引用符で囲んで示す話法が直接話法、接続詞を用いてその内容を人に伝達する形が間接話法です。

◇ **話法の転換** ◇ （直接話法から間接話法への書き換え）

(1) 平叙文のケース（肯定文・否定文）：接続詞 que を用いて．

Il m'a dit : « J'ai été occupé hier. »
→ Il m'a dit qu'il avait été occupé la veille.
　　彼は私に前日忙しかったと言った．

(2) 命令文のケース：大半は "前置詞 de ＋不定詞" の形で．

Il me dit : « Venez chez moi. »
→ Il me dit de venir chez lui.　彼は私に家に来るように言う．

(3) 疑問文のケース

　(i) 疑問詞がない場合：接続詞 si を用いて．

　　Elle m'a demandé : « Aimez-vous le vin ? »
　　→ Elle m'a demandé si j'aimais le vin.　彼女は私にワインが好きかと聞いた．

　(ii) 疑問詞がある場合：通常はそのまま疑問詞を接続詞にして使います．ただし、事物をたずねる qu'est-ce que, que は ce que に、qu'est-ce qui, qui は ce qui に変わります．

　　Elle m'a demandé : « Qu'est-ce qui s'est passé ? »
　　→ Elle m'a demandé ce qui s'était passé.
　　　　彼女は私に何が起こったのかたずねた．

◇ **時制照応** ◇ 　主節が過去時制のときに間接話法内での時制の一致．

現在	→	半過去		複合過去	→	大過去
単純未来	→	条件法現在		命令法	→	不定詞（接続法現在）

＊直説法半過去・直説法大過去・条件法は不変化．

練習問題 1 ☆☆

次の文章を間接話法に書き換えてください.

1 Il m'a demandé : « Avez-vous déjà fini votre travail ? »
   →

2 Il m'a dit : « Vous êtes méchante avec moi aujourd'hui. »
   →

3 Elle m'a dit : « Soyez courageux. »
   →

4 Elle m'a demandé : « A qui pensez-vous ? »
   →

5 Elle m'a demandé : « Que cherche ta mère ? »
   →

練習問題 2 ☆☆

[ ] 内の語を意味が通じるように並べかえてください.

1 On [ce, est, sait, ne, qu'il, pas, devenu].
   →

2 Elle m'a demandé [quel, j'avais, vie, par, gagné, ma, moyen].
   →

3 Elle me dit [possible, cette, par, le, envoyer, tôt, enveloppe, d', poste, plus, la].
   →

4 Il m'a assuré(e) [avant, tout, qu'il, arrivée, aurait, mon, terminé].
   →

44 感覚・使役動詞／比較表現補足 (解答 p. 177)

♥ ワン・ポイント解説 ♥ ☞ pp. 200-201

(1) **感覚（知覚）動詞**：voir, entendre, sentir など

Je vois des enfants jouer au tennis.　私は子供たちがテニスをするのを見る．
= Je vois jouer des enfants au tennis.
cf. Je vois des enfants jouant au tennis.
Je vois des enfants qui jouent au tennis.

(2) **使役動詞**「〜させる」faire, laisser

〈感覚・使役動詞＋ A ＋ *inf.* 〉または〈感覚・使役動詞＋ *inf.* ＋ A〉の構文で．
＊ただし不定詞に直接目的語が置かれるケースは後者の展開は不可．
Je fais chanter Marie.　私はマリーを歌わせる．　*cf.* Je la fais chanter.

cf. laisser + *inf.* 「〜するままにさせておく」☞ p. 224
J'ai laissé pleurer ma fille [ma fille pleurer].

　私は娘を勝手に泣かせておいた．
cf. se faire + *inf.* 「〜をさせる，してもらう」
Je me suis fait couper les cheveux.　私は髪を切ってもらった．

比較表現補足：用例

・**plus(moins) ...　plus(moins) ...**：「〜すればするほどより...(ない)」

Plus on gronde cet enfant et moins il obéit.

　その子はしかればしかるほど言うことをきかない．

・**de plus en plus**：「ますます，しだいに」

A mesure qu'on l'étudie, le français devient de plus en plus facile.

　フランス語を学ぶにつれて，しだいに易しくなる．

・**supérieur(e)**「すぐれた」, **inférieur(e)**「劣った」：比較級と同じ働きをします．

Ce film est supérieur (inférieur) à la moyenne.

　この映画は平均よりすぐれている（劣っている）と思う．

練習問題 1　★★★

下記の文章を和訳してください.

1　Cet instituteur a fait remarquer leurs erreurs aux élèves.

2　Vous entendez parler les femmes dans la chambre à côté ?

3　Leur professeur les fait travailler, tandis que leur père les laisse s'amuser.

練習問題 2　☆☆

音声 40 を聞いて全文を書きとってください.

1　_____.

2　_____
_____.

3　_____, _____
_____.

4　_____
_____, _____ _____.

(La Rochefoucauld)

45 中級文法編・総復習 (解答 p. 178)

練習問題 1 ★★★

( ) 内の動詞を適当な法と時制に活用して書き入れてください.

1 — (Passer →   )-moi ton stylo.
   — Le tien ne marche plus ?

2 — Pourquoi êtes-vous en colère ?
   — Je veux que vous (travailler →   ) plus.

3 — Si on (aller →   ) au cinéma ?
   — Bonne idée !

4 — Qu'est-ce que tu (faire →   ) en ce temps-là ?
   — J'étais infirmière en chef.

5 — Que ferez-vous quand vous aurez fini vos études ?
   — Je (rentrer →   ) au Japon.

練習問題 2 ★★★

( ) 内に入る適当な語句を選んでください.

1 C'est un ami d'enfance avec (   ) j'ai fait du judo.
   1. quel   2. laquelle   3. où   4. qui   5. quoi

2 Il faut fermer la porte à clef ; pensez-(   ).
   1. en   2. la   3. le   4. lui   5. y

3 On n'aime pas (   ) qui disent du mal des autres.
   1. celle   2. celui   3. ceux   4. elles   5. eux

4 (   ) est venu en mon absence ?
   1. Personne   2. Quelqu'un   3. Quelque chose   4. Rien

5 (   ) qu'il soit fatigué, il ne cesse pas de travailler.
   1. Afin   2. Bien   3. Pour   4. Où   5. Sans

練習問題 3 ☆☆

下記の文章中に誤りがあれば正してください.

1 Le plus court chemin n'est toujours pas le plus facile.

2 Jeanne sera arrêté par les agents de police.

3 Mon ami a perdu siens il y a environ deux ans.

4 Il a choisi ce moyen, n'en ayant pas trouvé d'autre.

5 Nous cherchons une secrétaire qui sait parler anglais.

6 Combien de photos a-t-il pris pendant le voyage ?

7 Elle a fermé ses yeux en écoutant de la musique.

8 Prenez un balai au cas où il y a des cafards.

練習問題 4 ★★

音声 41 を聞いて全文を書きとってください.

1 _____

_____.

(Rabelais)

2 _____ ?

_____.

(Amiel)

20 の必須文法・語法を確認するための仏作文
(ディクテ形式にも対応)

＊以下は作文形式での展開ですが，**音声** にすべての文章が収録してありますのでディクテとしても活用していただけます．

　音声は，ノーマルスピード→スロウ→ノーマルと3回ずつ収録されています．

1. 冠詞
2. 名詞・形容詞の複数／女性形
3. 指示形容詞・指示代名詞
4. 所有形容詞・所有代名詞
5. 疑問形容詞・疑問代名詞
6. 疑問副詞
7. 関係代名詞
8. 人称代名詞・中性代名詞
9. 直説法現在
10. 直説法複合過去
11. 直説法半過去
12. 直説法大過去
13. 直説法単純未来
14. 直説法前未来
15. 条件法現在・過去
16. 接続法現在・過去
17. 命令法
18. 分詞・ジェロンディフ
19. 不定詞
20. 基本動詞の射程

§1 冠詞　音声 42　⇨（本書の参照ページ）p. 16　　（解答 p. 181）

001　水を一杯ください．

　　　_____ d'eau, s'il vous plaît.

002　母はブラックコーヒーは好きではない．

　　　Ma mère n'aime pas _____.

003　祖母は毎朝ミルクティーを飲んでいた．

　　　Ma grand-mère _____ tous les matins.

004　ボトルにはもうワインはないのですか？

　　　N'y a-t-il plus _____ ?

005　叔父はこの近くに何軒か別荘を持っている．

　　　Mon oncle _____ près d'ici.

§2 名詞・形容詞の複数／女性形　音声 43　⇨ p. 14, p. 18　（解答 p. 181）

006　彼の頭髪は白髪まじりだ．

　　　Il _____.

007　私は彼女が快方に向かっていて嬉しい．

　　　Je suis heureux(se) _____.

008　木に綺麗な鳥が一羽とまっている．

　　　Il y a _____.

009　その子は新品の服を着ていた．

　　　Cet enfant _____.

§3 指示形容詞・指示代名詞　音声 44　⇨ p. 22　　（解答 p. 182)

010　今，あの列車事故について話している．

On parle _____.

011　私に興味がある問題は自分の将来に関することだ．

Le problème qui m'intéresse, c'est _____.

012　明晰ならざるものフランス語にあらず．

_____ n'est pas français.

§4 所有形容詞・所有代名詞　音声 45　⇨ p. 22, p. 86　　（解答 p. 182)

013　彼（彼女）の祖父と祖母は2人だけで旅行をするには年をとりすぎている．

Son grand-père et _____ voyager seuls.

014　— これはあなたの傘ですか？　— はい，私のです．

— C'est _____ ?　— Oui, _____.

015　貧しい人たちには彼らの苦しみがあり，金持ちにも彼らなりの苦しみがある．

Les pauvres ont _____ et les riches ont aussi

_____.

§5 疑問形容詞・疑問代名詞　音声 46　⇨ p. 38, p. 42, p. 72　（解答 p. 183）

016　あなたの携帯電話の番号は何番ですか？

　　　Quel est _____ ?

017　誰を待っているのですか？

　　　Qui _____ ? /
　　　Qui est-ce que _____ ? /
　　　_____ qui ?

018　何が必要なの？

　　　_____ as-tu besoin ? /
　　　_____ est-ce que tu as besoin ? /
　　　Tu as besoin _____ ?

019　これらの映画のうちどれが好きですか？

　　　_____ préférez-vous ?

§6 疑問副詞　音声 47　⇨ p. 36　（解答 p. 183）

020　君のお父さんはいつ戻ってきますか？

　　　_____ ton père ? /
　　　_____ ton père _____ ? /
　　　Ton père _____ ?

021　どこまで行くのですか？

　　　_____ allez-vous ? / Vous allez _____ ?

022　パリで何枚写真を撮りましたか？

　　　_____ prises à Paris ?

§7 関係代名詞　音声 48　⇨ p. 70, p. 72　　　（解答 p. 183）

023　私の母に話している女性をご存じですか？

Connaissez-vous la dame _____ ?

024　駅であなたが出会った若い娘はジャンの姪です．

_____ est la nièce de Jean.

025　君には当てにできる友だちがいますか？

Tu as des amis _____ ?

026　私は父親が弁護士をしている少年を知っている．

Je connais un garçon _____.

027　私が話している小説をもう読んだ？

Tu as déjà lu le roman _____ ?

028　あなたがパリに到着する日を教えてください．

Indiquez-moi _____.

029　それは彼の念頭にはなかった問題だ．

C'est un problème _____.

§8 人称代名詞・中性代名詞　音声 49　⇨ p. 46, p. 86　　（解答 p. 184）

030　僕にその辞書を2, 3日貸してください

_____ deux ou trois jours, s'il vous plaît.

031 かわいい人形を持ってるね．ママに買ってもらったの？

Tu as une jolie poupée.　C'est ta maman _____ ?

032 光陰矢のごとし（時がたつのは早い），それを肝に命じなさい．

Le temps passe vite : _____.

033 彼はバイクを売って，別なものを買った．

Il a vendu sa moto _____.

034 彼女は自分が頭がいいと思っているけど，まったくそうではない．

Elle se croit intelligente, mais _____.

§9　直説法現在　音声 50　　(解答 p. 185)

035 時は金なり．

Le temps, _____.

036 姉(妹)は部屋でピアノをひいています．

Ma sœur _____.

037 いつからパリに住んでいらっしゃいますか？

_____ à Paris ?

038 次のバス停で降ります．

Je _____.

039 明日晴れれば，私は出発します．

S'il fait beau demain, _____.

§10 直説法複合過去　音声 51　⇨ p. 68　　（解答 p. 185)

040 部屋に鍵を置き忘れました．

_____ dans ma chambre.

041 彼女はどこで生まれましたか？

_____ née ?

042 今朝何時に起きた？

A quelle heure _____ ?

043 私たちはその話を思い出した．

_____ cette histoire.

§11 直説法半過去　音声 52　⇨ p. 74, p. 92　　（解答 p. 186)

044 子どもの頃，日曜日になると釣りに行ったものだ．

Quand j'étais enfant, _____ tous les dimanches.

045 私が居間で新聞を読んでいると，母が入ってきた．

_____ quand ma mère est entrée.

046 彼は私に頭が痛いと言っていた．

Il m'a dit _____.

§12　直説法大過去　音声53　⇨ p. 76, p. 92　　（解答 p. 186）

047　彼が駅に着いたときには列車はすでに出発してしまっていた．

　　　Quand il est arrivé à la gare, _____.

048　夜の9時に，私は宿題をすでに終えていた．

　　　A neuf heures du soir, _____.

049　彼女は私に先月病気だったと言った．

　　　Elle m'a dit _____ précédent.

§13　直説法単純未来　音声54　⇨ p. 78　　（解答 p. 187）

050　彼女は来年結婚します．

　　　Elle _____.

051　明日電話をくれ．

　　　_____ demain.

§14　直説法前未来　音声55　⇨ p. 78　　（解答 p. 187）

052　この仕事を終えたら，私はデュポン夫人を訪問するためにでかけます．

　　　Quand _____, je _____ Madame Dupont.

053　3日後に，この論文を終えているでしょう．

　　　_____ dans trois jours.

§15 条件法現在・過去　音声 56　⇨ p. 84, p. 92　　（解答 p. 187）

054　時間があれば，もっと映画に行くのに．

　　Si j'avais du temps, _____.

055　あなたの立場でしたら，私はそれをそんな風には言わないでしょう．

　　_____, je _____ comme ça.

056　一言あなたに言いたいのですが．

　　Je _____.

057　彼は私に翌日会いにくると言った．

　　Il m'a dit _____ le lendemain.

058　あなたがもっと大きな声で話してくれていたら，あなたの言っていることがわかっただろうに．

　　Si vous m'aviez parlé plus fort, _____.

059　あなたはあらかじめ知らせてくれればよかったのに．

　　Vous _____.

060　散歩をしませんか？

　　_____ une promenade ?

§16 接続法現在・過去 音声 57 ⇨ p. 90   (解答 p. 188)

061 君は寝る前にこの薬を飲まなければなりません．

Il faut _____ avant de te coucher.

062 状況はさらに悪化したようだ．

Il semble _____ empiré.

063 雪が降りはしないかしら．

Je crains _____.

064 彼女がそれを知っているのは確かですか？

Etes-vous sûr(e) _____ ?

065 祖父はとても年をとっているがまだ仕事をしている．

Mon grand-père travaille encore _____.

066 みんなによくわかるように，もっとゆっくり話してください．

Parlez plus lentement _____.

067 （この人は）私が知っている最も優れた女優だ．

C'est la meilleure _____.

068 人間は自分が死ぬ運命にあることを知っている唯一の動物だ．

L'homme est le seul animal _____.

§17 命令法　音声58　⇨ p. 60　　　（解答 p. 188）

069　窓を開けましょう，そして新鮮な空気を吸いましょう．

　　　_____ et respirons l'air frais.

070　真実を愛せ，しかし誤りを許せ．

　　　Aime la vérité, mais _____.

§18 分詞・ジェロンディフ　音声59　⇨ p. 82　　　（解答 p. 189）

071　病気だったので，昨晩彼女は来なかった．

　　　_____, elle n'est pas venue hier soir.

072　真面目に勉強したのに，彼は試験に失敗した．

　　　Tout _____, il a échoué à l'examen.

073　春が戻って，すべてが希望をとり戻す．

　　　_____, tout renaît à l'espérance.

§19 不定詞　音声60　　　（解答 p. 189）

074　精神一到何事かならざらん（やろうと思えば何でもできる）．

　　　Vouloir, _____.

075　あなたは車で旅行するのが好きですか？

　　　_____ en voiture ?

§20 基本動詞の射程

(解答 p. 189)

〈 être 〉 音声 61

(解答 p. 189)

076 我思う, 故に我あり.

Je pense, _____.

077 彼は2週間前からパリにいる.

_____ deux semaines.

078 グルノーブルに行ったことはありますか？

_____ à Grenoble ?

079 今は春です.

_____ printemps.

080 このライターは誰のですか？

_____ ce briquet ?

〈 avoir 〉 音声 62

(解答 p. 190)

081 悪性の風邪をひいた.

_____ rhume.

082 ソフィーの髪はブロンドだ.

Sophie _____.

083 君と一緒に旅行したい.

_____ avec toi.

084 僕と一緒に旅行するつもりなの？

_____ avec moi ?

085 ここでお待ちになるだけでよいのです．

_____ ici.

〈 aller 〉 音声 63　　　　　　　　　　　　　　　　　　（解答 p. 190）

086 すべて順調だ．

_____ bien.

087 この小包を彼女の家に持っていってください．

_____ chez elle.

088 このシャツに合うネクタイをください．

Donnez-moi une cravate _____.

〈 venir 〉 音声 64　　　　　　　　　　　　　　　　　　（解答 p. 190）

089 この言葉はフランス語から来ている．

Ce mot _____.

090 私が部屋に入って行ったとき，妻は身支度を終えたところだった．

Quand je suis entré dans la chambre, ma femme _____

_____.

〈 devoir / falloir / pouvoir / vouloir 〉 音声 65　　　　　　（解答 p. 190）

091 私にそのテキストを fax してくれればよかったのに．

_____ ce texte.

092 私たちは明日は早起きするつもりです．

_____ tôt demain.

093 そこに行くのに2時間かかります．

_____ y aller.

094 彼女は 30 歳くらいだろう．

　　＿＿＿＿＿＿＿＿＿＿＿＿＿＿＿＿＿ trente ans.

095 少しお待ちいただけますか？

　　＿＿＿＿＿＿＿＿＿＿＿＿＿＿＿＿＿ un peu ?

096 もう少しコーヒーはいかがですか？

　　＿＿＿＿＿＿＿＿＿＿＿＿＿＿＿＿＿ de café ?

097 私と一緒に来てくださいませんか？

　　＿＿＿＿＿＿＿＿＿＿＿＿＿＿＿＿＿ avec moi ?

〈 faire 〉 音声 66　　　　　　　　　　　　　　　　(解答 p. 191)

098 私は毎朝ジョギングをします．

　　＿＿＿＿＿＿＿＿＿＿＿＿＿＿＿＿＿ tous les matins.

099 彼は妹を泣かせた．

　　＿＿＿＿＿＿＿＿＿＿＿＿＿＿＿＿＿ sa petite sœur.

100 ここで何をしているのですか？

　　Qu'est-ce que ＿＿＿＿＿＿＿＿＿＿＿＿＿＿＿ ?

〈 prendre 〉 音声 67　　　　　　　　　　　　　　　(解答 p. 191)

101 デザートは何になさいますか？

　　Qu'est-ce que ＿＿＿＿＿＿＿＿＿＿＿＿＿＿＿ ?

102 この本を見つけるのに 1 時間もかかってしまった．

　　＿＿＿＿＿＿＿＿＿＿＿＿＿＿＿＿＿ pour trouver ce livre.

103 私はよく兄 (弟) と間違えられる．

　　＿＿＿＿＿＿＿＿＿＿＿＿＿＿＿＿＿ mon frère.

解答・解説編

 以下の解答・解説には必要に応じて本書の姉妹編『ケータイ〈万能〉フランス語文法』(駿河台出版社)の当該頁(参照箇所)を ☞ で示してあります.さらに詳しい解説が必要な方は参照いただければ幸いです.

 なお,⇨ は本書内の頁を意味します.2つの指示を混同しないようにご注意下さい.

発 音 編

1 アルファベ・文字を読む基本ルールに親しむ　pp. 2-3

練習問題 1：アルファベ alphabet になじむのが眼目.

解答　**1 e-2** (UV)　　**2 c-3** (SNCF)　　**3 a-5** (OVNI)
　　　　4 d-4 (TGV)　　**5 b-1** (RER)

♥ ポイント解説

すべて日常会話で頻繁に登場する略字です．それぞれの頭文字をとってアルファベの読みで構成されます．ただし，3. OVNI は，頭文字を並べたものですがアルファベの読みではなく [ɔvni] と 1 つの独立した語として発音されます．アルファベにはフランス語を読むための大切な音がいろいろと含まれていますのでしっかりとした読みの土台を作るのにあだや疎かにはできません．なお，少なくとも自分の名前はフランス語のアルファベで言えるようにしておく必要があります．

練習問題 2：アルファベ alphabet になじむのが目的.

♥ ポイント解説

英語と同じく，アルファベの読みと具体的な単語内の文字として発音される当該のアルファベの音は一致しているわけではありません．ここにあげた語は xylophone [ks(gz)ilɔfɔn]「(楽器) シロフォン，木琴」，yaourt [jaur(t)]「ヨーグルト」を除いて仏検 5 級レベルに相当する基本単語ばかりです．不明な単語は辞書等で意味を調べて発音とともにしっかり暗記してください．

練習問題 3：フランス語の読みの基本確認がポイント.

解答　1 bain　　2 doux　　3 port　　4 boire　　5 rire

♥ ポイント解説

鼻母音や [b/v] [r/l] など，日本人にはなじみの薄い音（苦手な音）を中心に作成しました．英語読みを脱することも大きな目標です．音声を繰りかえし聞いて，綴り字と発音の関係を意識しながら何度も練習してください．

2 単独音と文全体のイントネーションをつかむ　pp. 4-5

練習問題 1：**1** の練習問題 3 に引き続き，フランス語の単語を読むための基本的なポイントを確認します．

解答　1 moi　　2 menu　　3 anglais　　4 chrétien
　　　　5 rouge　6 blanc　7 image

♥ ポイント解説

1　[i] の発音になる語です．ただし，moi は [mwa] と読まれます．mo-i と母音 o/i を2つの別々な音に分けて考えるのではなく（二重母音），〈 oi 〉の綴りを1つの音を発する単位ととらえて（複母音）[wa] と発音するからです．

cf. toi, roi, boire, voir, soirée, oiseau, *etc.* ☞ p. 15

2　〈 e 〉の発音は初学者がつまずきやすい読みです．単語によって [ə (ゥ)] とも [e/ɛ (ェ)] とも読まれ，語末の〈 e 〉であれば [無音]（発音されない）となるためです．☞ p. 12

3　[ɛ̃] [ɑ̃] の違いをチェックできましたか．☞ p. 14

4　注意すべき子音字〈 ch 〉は大半が [ʃ] と発音されますが，ギリシア語からの借用語は [k] と読まれます．☞ p. 19

5　[o] [u] の区別です．☞ p. 14

6　通常語末の子音字は，c, r, f, l を除いて発音されません．しかし，例外もあります．blanc は語末の〈 c 〉を読みません．☞ p. 10

7　im, in は鼻母音（母音字＋m,n）で [ɛ̃] と読まれますが，image は i-mage と音節〔読みの単位〕に切って考えます．image は〈 m 〉の後ろが母音〈 a 〉だからです（音節の考え方にしたがってたとえば，important を分ければ，im-por-tant となります）．☞ p. 15, p. 26

練習問題 2：練習問題1をさらに発展させた読みのポイント確認．

解答　1 ○　　2 ×　　3 ○　　4 △　　5 ×

♥ ポイント解説

1　3語とも語末の子音は発音されません．

2　meute [møt], mou [mu], mot [mo] と発音されます．

3　子音＋ain の読みですが下線部の読みはすべて [ɛ̃] です．☞ p. 14

4　〈 e 〉の読みですが demi は de-mi と音節に分けられます．sep-tembre, mer-ci は閉音になり読みは [ɛ] です．☞ p. 15

5 カタカナで読みを表すとすればこの3語の読みの微妙な違いを表すのは容易ではありませんが，vous [vu], veau [vo], vœu [vø] と発音は違います．

練習問題 3：文章を読む際につい忘れがちなイントネーションにポイントを置いた問題です．☞ p. 23

♥ ポイント解説

音声を繰りかえし聞いて，イントネーションの上がり下がりを感じとり，フランス語の音の流れが肌で実感できればと思います．なお，それぞれの試訳は下記の通り．

1　明晰ならざるものフランス語にあらず．
2　巷に雨がふるごとく，わが心にも涙ふる．
3　風立ちぬ　いざ，生きめやも．（堀辰雄訳）
4　肝心なことは目では見えない．
5　人は女に生まれない，女になるのだ．
6　人間とは私たちの思考の考古学によってその日付の新しさが安易に示されるような発明にすぎない．そしておそらく，その終焉は近い．

付言すれば，名言・名句に触れながらそれを暗唱するというのは，遠まわりなようでとても効果のあがる学習法です．

3 聞きとりづらい音や音のつながりを理解する　pp. 6-7

練習問題 1：聞き取りにくい音，混同しがちな音をしっかりつかまえましょう．

解答　1 b.　2 a.　3 b.　4 a.　5 a.　6 b.　7 b.

♥ ポイント解説

初級レベルで聞き取りづらい音をマトメました．解答があっていても，間違いがあっても，何回か音声を繰りかえし，自分でも発音練習をしてフランス語の発音にぜひなじんでください．

練習問題 2：リエゾン・アンシェヌマンにはルールがあります．

解答　1 deux‿heures　　　2 un grand‿homme
　　　3 Vous‿avez une chambre pour⌢une personne ?
　　　4 Elle⌢était‿occupée.　5 Vous‿avez mal⌢à la jambe ?

6 En‿août, les‿étudiants sont‿en vacances.
   7 C'est‿à quel⌢étage ?
   8 Il⌢a l'air bien‿aimable et très‿intelligent.

♥ ポイント解説

現段階で訳に不明な箇所があってもまったく問題はありません．しかし，音のつながりは音声を聞いて体に覚えこませる必要があります．

1 2時
＊[z] の音でリエゾンする点に注意．

2 偉人
＊[t] の音でリエゾンしている点に注意．なお，形容詞の置き位置を変えて un homme grand とすると「背の高い人，大男」の意味． ☞ p. 52

3 1人部屋はありますか．
＊ホテルでの定番のたずね方．この場合の「あなたは～を持っていますか」は相手（ホテルの側）を指します．

4 彼女は忙しかった．
＊直説法半過去（⇨ pp. 76-77）と呼ばれる過去時制．

5 あなたは脚が痛いのですか．
＊avoir mal à + 定冠詞 + 身体「～が痛い」の成句． ☞ p. 93

6 8月，学生は休みだ．
＊être en vacances「休暇中（ヴァカンス中）である」．

7 （それは）何階ですか（何階にありますか）．
＊階は英国式に2階から「1番目の階」premier étage と数えます．1階は rez-de-chaussé と言います． ☞ p. 133, p. 243

8 彼はとても感じが良く大変頭がよさそうだ．
＊avoit l'air + 形容詞「～のように思える（見える）」．

♥ リエゾン・アンシェヌマンの基本ルール ☞ pp. 20-21
＊特に語と語のつながりが密接なケースで行われます．

(1) リエゾン：発音されない語末の子音を，次に置かれた語頭の母音（あるいは無音のh）とつなげて発音すること．

| 発音されない子音 | 母音／無音の h |

例：〈密接な関係を持つ語と語〉

冠詞 + 名詞	les‿amis [lezami]
形容詞 + 名詞	petit‿ami [p(ə)titami]
人称代名詞（主語）+ 動詞	elles‿ont [εlzɔ̃]
前置詞 + （代）名詞	chez‿elle [ʃezεl]

(2) アンシェヌマン：発音される語末の子音を，次に置かれた語頭の母音（あるいは無音の h）とつなげて発音すること．

例：〈密接な関係を持つ語と語〉

冠詞 + 名詞	une⌒amie [ynami]
形容詞 + 名詞	cinq⌒heures [sɛ̃kœr]
人称代名詞（主語）+ 動詞	elle⌒a [εla]
前置詞 + （代）名詞	avec⌒elle [avεkεl]

入門文法編

---

4 前提のチェック pp. 10-11

練習問題 1 ：être, avoir の直説法現在の活用はとても重要！

解答　1 **nous avons**　　2 **tu es**　　3 **vous avez**　　4 **ils sont**
　　　5 **tu as**　　6 **elles sont**　7 **j'ai**　　8 **nous sommes**
　　　9 **ils ont**　　10 **vous êtes**

♥ ポイント解説

今後，この２つの動詞（助動詞としても使われます）はさまざまな文章のなかに登場します．ここに弱点があると致命的．ミスのあった方は **音声08** を聞きながら，主語，動詞の綴りをきちんと確認してください．

練習問題 2：être, avoir, voici, voilà, il y a を用いた基本例文のチェック．

解答 1 **Ils sont**　　2 **Voilà**　　3 **Il y a**　　4 **Voici**　　5 **Elle a**

♥ ポイント解説

〈 voici + 名詞 / voilà + 名詞 〉は「ここに～がある」「あそこに～がある」（相手の注意を喚起する表現）という定型表現．Il y a は〈 Il y a + 不定冠詞 + 名詞 + 前置詞 + 場所 〉「～に…がある」（英語の *there is / there are* に相当）の語順が基本パターンです．

5　入門基礎会話　pp. 12-13

練習問題 1：音声をしっかり聞いて，それを確実に書きとる練習．このレベルでの手抜きは許されません．

解答　1 **Bonjour**　　2 **Bonsoir / Monsieur**
　　　 3 **Au revoir**　　4 **bientôt**　　5 **Je suis**

♥ ポイント解説

1　「おはよう，こんにちは」の挨拶．
2　今晩は．
＊Monsieur は固有名詞をともなう場合には多くが大文字で書かれますが，単独のときには monsieur と小文字ではじめてかまいません．
3　さようなら．
4　また，近いうちに（会いましょう）．
5　私は日本人（女性）です．

練習問題 2：音声の質問の文章をしっかり聞きとるのがポイント．

解答　1 a.　　2 b.　　3 b.　　4 a.

♥ ポイント解説

1　Comment allez-vous ?「お元気ですか」と聞こえてきます．b. は「また明日（会いましょう）」の意味で応答がかみ合いません．

2　Comment vous appelez-vous ?「お名前は？」と聞かれています．a. の返答は 1. の疑問文に呼応する形です．

3　Vous êtes anglais ?「あなたはイギリス人ですか」と質問されているわけですから，a. Oui, je suis français.「はい，フランス人です」では意味不明です．b. の「いい

え，フランス人です」としなくては応答になりません．

4 Quel âge avez-vous ?「何歳ですか」と年齢を問う疑問文が聞こえてきました．フランス語では年齢を être ではなく，avoir で表現する点に注意してください．b. は「私は学生です」の意味．

練習問題 3：簡単な書き換え問題ですが単語力が不足していると解答できません．男性名詞か女性名詞かその点も大切なポイントです．

解答・解説

① **1 Ce sont des livres.**
   2 C'est un cahier.
   3 C'est une cravate.
   4 Ce sont des cravates.

＊C'est の後ろには本来さまざまな語が置かれますが，現段階（入門レベル）では " C'est ＋冠詞＋単数名詞 / Ce sont ＋冠詞＋複数名詞 " のパターンで覚えておけば十分でしょう．ただし，口語では 1. Ce sont des livres. や 4. Ce sont des cravates. の代わりに C'est des livres [des cravates]. と " C'est ＋冠詞＋複数名詞 " で表現することがあります．これは，〈 C'est 〉（そもそもは " Ce ＋ est "）をひとかたまりと見なして，Voici, Voilà と同様に提示の表現ととらえているためです．

② **1 Non, ce n'est pas un dictionnaire. C'est un livre.**
   2 Non, ce n'est pas un bonsaï. C'est un arbre.

＊少々不自然な練習であることは承知していますが，「いいえ，A ではありません．B です」のパターンに慣れるのが目的です．なお，bonsaï は日本語からフランス語になった単語，「盆栽」のことです．

③ **1 Il y a une lettre sous le bureau.**
   事務机の下に（1通）手紙があります．

   2 Il y a des restaurants près de la gare.
   駅の近くに（いくつか）レストランがあります．

♥ ポイント解説

不明の単語は手元の辞書や単語集などを使って自力で確認してください．単語力を着実につけながらこの先の歩みを進めていきませんと，あっという間に壁にぶちあたってしまいます！　中学・高校と学習してきた英語と同じく，単語を着実に増やす努力は不可欠です．なお，上記の文法に少々不明な箇所があっても，今後，冠詞・否定文・疑問文といった文法を別枠でチェックしていきますのでご安心を．

6 名詞の男女の別を覚えよう　pp. 14-15

練習問題 1：名詞の男女の別とともに基礎の単語力養成が眼目．

解答・解説

1　***n. m.***　兄(弟)　＊frères（複数）なら「兄弟」．
2　***n. f.***　姉(妹)　＊姉妹と訳す場合には 1. と同じく複数．
3　***n. f.***　娘（⇔ fils），女の子，少女（⇔ garçon）
4　***n. m.***　男の子，少年（⇔ fille）
5　***n. m.***　おじ
6　***n. f.***　おば
7　***n. f.***　車
＊〔乗物あれこれ〕moto [*n. f.*] バイク，camion [*n. m.*] トラック，(auto) bus [*n. m.*] バス，métro [*n. m.*] 地下鉄，train [*n. m.*] 列車など．
8　***n. m.***　自転車　＊bicyclette も「自転車」の意味ですが [*n. f.*] です．
9　***n. f.***　家
＊一戸建ての住宅のこと．店舗や事務所部分と住居からなる「(数階建ての)建物，ビル」は immeuble [*n. m.*]（オフィスビル immeuble de bureaux）と言います．
10　***n. m.***　アパルトマン，マンション
＊2LDK，3DK などの数部屋からなるマンションのことで，いわゆるアパートではありません．ワンルーム・マンションは studio [*n. m.*] と称します．
11　***n. m.***　本
＊ただし « une livre de... » といった形で女性名詞で用いると「500 グラムの〜」という単位を表す語になります．
12　***n. f.***　雑誌　＊写真誌，(グラフ)雑誌は magazine [*n. m.*]．
13　***n. f.***　水
14　***n. f.***　肉　＊魚は poisson [*n. m.*] です．
15　***n. m.***　お金
16　***n. m.***　コーヒー　＊紅茶は thé [*n. m.*]，コーラは coca [*n. m.*] と言います．
17　***n. m.***　勇気
18　***n. f.***　チャンス，機会

♥ ポイント解説

なぜ名詞の男女の別をひとつひとつ覚えなくてはならないのか（そもそもが原インド・ヨーロッパ諸語の神話概念が名詞の男女の源だとされています）——いささか腹立

たしい気持ちになるかもしれません．しかし，いささかラフな対照ですが，日本語にも男言葉・女言葉の違いがあります（あわせて日本語では職業や地位によって使っている言葉に違いがあります）．フランス語はそれがいわば単語レベルで生じるというわけです．ただし，後に確認する冠詞・所有形容詞・指示形容詞等々を名詞の前に置くことで（名詞標識語と呼ばれます）自然に名詞の男女の別は身についていきますから，逐一名詞を [*n. m.* / *n. f.*] と過剰に意識して暗記する必要はありません．この設問はあくまで，基礎力の確認・チェックのための問題です． ☞ p. 40

練習問題 2：基本的な名詞の男女の別，複数形，反対語などの確認．

解答・解説

1 française フランス人女性
＊男性形単数+〈 e 〉で女性形になる典型的な例．男性形で読まれなかった語末の子音が女性形では読まれます． ☞ p. 42

2 actrice 女優
＊男性形単数〈 -eur 〉を 女性形単数〈 -trice 〉とする例． ☞ p. 43

3 journaliste ジャーナリスト
＊男女ともに同じ形．

4 infirmier 看護士
＊男性形単数 infirmier → 女性形単数 infirmière の対応．

5 étudiant 男子学生
＊1 の逆．

6 vendeur （男性）店員
＊男性形単数 vendeur → 女性形単数 vendeuse の対応．

7 enfants 子どもたち
＊複数形の基本は "単数名詞+〈 s 〉" で．ただし，この < s > は後続の語とリエゾンされるケースを除いて発音されません． ☞ p. 44

8 fils 息子たち
＊単数が〈 -s 〉で終わっているため同形のままで複数になります．単複の違いは冠詞，所有形容詞などの名詞標識語で区別します．

9 messieurs monsieur の複数
＊男女の敬称は特殊な複数形を持ちます．madame（単数）→ mesdames（複数），mademoiselle（単数）→ mesdemoiselles（複数）．

10 bateaux 船（複数）
＊単数〈 -eau 〉→ 複数〈 -eaux 〉となる例．発音は単・複とも同じです．

11 yeux 両目
＊単数と複数で語形が変わる典型．

12 travaux 仕事，工事
＊〈 -ail 〉で語末で終わる語を〈 -aux 〉とする例．

13 tante おば

14 père 父親

15 femme 女性

＊英語の *father* ⇔ *mother* のように 13～15 は男女の別に綴り字上のルールはなく形態が変わってしまう例．

---

7 冠詞の使い分けを知ろう　pp. 16-17

練習問題 1：冠詞の使いわけは本来とても微妙で，難しい問題をはらんでいますが，現時点では形に少しでもなじむことが目標です．間違いのあった方は見直しを．

解答
1. un dictionnaire
2. des voitures
3. une fleur
4. des maisons
5. le café
6. les chiens
7. la robe de Marie
8. le Japon
9. de l'argent
10. de la bière
11. du poisson
12. de la chance

♥ ポイント解説

不定の対象「とある，ひとつの，いくつかの」を表す不定冠詞，「その」と限定したり，総称を表したりする定冠詞，そしてある若干量を切りとる部分冠詞（物質名詞，抽象名詞など数えられない名詞〔不可算名詞〕に用います）の違いをまずはきちんと覚える必要があります．

練習問題 2：解説を読みながら冠詞の差異をしっかり覚えてください．

解答・解説
1. **Un**　＊これは冠詞というよりも数詞「1 杯」と考えるべきもの．
2. **le**　＊「ジャンの」と限定されていますので定冠詞．☞ p. 215
3. **des**

*「ベッドの上に"何匹か"猫がいる」（chats と複数になっています）の意味．蛇足ながら，初級用のテキストには「テーブルの上に猫がいる」の例文を見かけますが，よほど猫好きの家庭でも，通常，食卓の上に猫はいませんね．

4 les

*総称を表す定冠詞．J'aime le chien. とすると「私は犬の肉を食べるのが好き」という意味になってしまいますのでご注意ください．「動物」を定冠詞複数にすると総称なのですが，単数の定冠詞で扱うと「食用の肉」になってしまうため． ☞ p. 216

5 de la   *ある若干量の肉を食べるわけですから部分冠詞．

6 l'

*英語では *go to school* と無冠詞ですが，フランス語では定冠詞が必要です．

7 une   *「1 人」ですから不定冠詞です．

8 La   *2 と同じく de Pierre で限定されています．

9 du

*ある分量のコーヒーを飲むわけですから部分冠詞です．これを le café としますと「コーヒーというもの（総称）」を表します．なお，café は不可算名詞ですから les cafés（×）といった表記はありません．この点で 4 の可算名詞のケースとは扱いが違います． ☞ p. 78

10 De l'

*9 と同じくコップなどに入れたある若干量の水を飲むわけですから部分冠詞です．

8 形容詞の位置と形に注意　pp. 18-19

練習問題 1：形容詞を名詞の前に置くか，後ろに置くか．男性形か女性形か，単数か複数か，冠詞はどうなるのかといった形の確認．

解答
1 une petite voiture
2 une belle fleur
3 un bel hôtel
4 de beaux livres
5 un grand homme / un homme grand
6 une femme intelligente
7 une cravate verte
8 une fille mignonne
9 la vie heureuse
10 le nouvel an

♥ ポイント解説

3, 10 に使われているのは形容詞男性形第 2 形． ☞ p. 53

4　" des +形容詞複数+名詞複数" のときに冠詞は de に変わります．☞ p. 76

5　un grand homme とすれば「偉人」，un homme grand は「背の高い人」．語順によって意味が変わります．☞ p. 52

8　mignon(ne) は「小さくて可愛らしい，愛くるしい」の意味．

練習問題 2：形容詞が名詞の性・数に一致する点，置き位置などに注意してください．

解答・解説

1　× grands → ○ **grandes**
＊主語が elles ですので属詞（英語の補語に相当するもので，主語・直接目的語の性質や特性，職業や身分などを説明する語）は女性形複数にしなくてはなりません．
⇨ **14** 基本6文型参照 pp. 30-31

2　× la maison blanc → ○ **la maison blanche**
＊色の形容詞は名詞の後に置きます．blanc「白い」の女性形は blanche です．

3　× difficile → ○ **difficiles**
＊主語が ils ですから形容詞（属詞）は複数形．訳は「彼らは食べ物にとてもうるさい」となります．この例では，difficile は「難しい」⇔ facile「易しい」の意味ではなく（下記の練習問題 3. 3 参照），「好みがうるさい，気難しい」の意味．

4　× un beau oiseau → ○ **un bel oiseau**
＊oiseau「鳥」は男性形単数ですが母音で始まる語です．beau の男性形第2形を使わなくてはなりません．☞ p. 53

5　× de beaux noirs cheveux → ○ **de beaux cheveux noirs**
＊cheveux「髪」に2つの形容詞がかかりますが，「美しい」は名詞の前に「黒い」は名詞の後ろに置きます．

練習問題 3：基本的な形容詞の意味がわかるかをチェック．

解答・解説

1　**riche**「裕福な」：petit(e) 小さい／grand(e) 大きい
2　**beau(belle)**「美しい」：gentil(le) 親切な／méchant(e) 意地悪な
3　**incroyable**「信じがたい」：difficile 難しい／facile 易しい
4　**sportif(ve)**「スポーツ(好き)の」：gros(se) 太った／mince 痩せた
5　**neuf(ve)**「新品の」：rouge 赤い／bleu(e) 青い

＊「新しい」nouveau（既成のもの，過去のものと対立）と「新品の」neuf(ve)（使い古しのものと対立）の違いに注意．
例：une nouvelle voiture（買い替えた）新しい車
　　une voiture neuve　　新品の車

練習問題 4：形容詞と主語の違いを聞きとれるかがポイント．

解答　1 c.　　2 b.　　3 d.　　4 a.

♥ **ポイント解説**：音声から流れる文は以下の通り（稚拙なイラストは著者）．

1　Elle a les cheveux longs.　彼女は髪が長い．
*long の女性形は longue．なお，この文は Ses cheveux sont longs. と書き換えられます．☞ p. 222

2　Ils sont très gros.　彼らはとても太っている．

3　Elles sont très grandes.　彼女たちはとても背が高い．

4　Il est trop mince.　彼はかなり痩せている．

9　第1群規則動詞　pp. 20-21

練習問題 1：第1群規則動詞の活用語尾をしっかり頭に入れましょう．

解答　1 aime　　2 porte　　3 sont　　4 habite　　5 avez
　　　　6 parlent　　7 marches　　8 fumons

♥ **ポイント解説**

1　私はビールが好きだ．
*la bière は総称（ビールというもの）を表します．☞ p. 47

2　彼は黒いネクタイをしている．
*porter は「身につけている」という状態を表します．「着る，身につける」という動作を表現するときには mettre を用います．

3　彼らは日本人です．

4　私は横浜に住んでいる．
*"à + 都市名"（冠詞は不要）の形．☞ p. 73

5　あなた(方)はバイクを持っていますか．

6　彼女たちはフランス語を上手に話す．
*" parler + le + 言語 " と定冠詞を用いるケースもありますが，通例，" parler + 言語 " の形で「〜語を話す」と表現します．☞ p. 65

7　君は通りを歩く（歩いている）．
*フランス語では英語の現在進行形に相当する形はありません．現在形で表します．☞ p. 84

8 私たちは1日に2箱タバコを吸う．
＊par jour「1日につき」．

練習問題 2：活用とともに，文章を組み立てる基本的な語順を確認します．

解答・解説

1 Nous mangeons de la soupe (chaque matin).

＊音の関係で nous mangons とは綴りません．☞ p. 80

なお，manger de la soupe で「スープを飲む」の意味（「飲む」＝boire は用いません）．元来，スープは液体を指し示す語ではなく，スープ（液体）に入れた "パン" を意味していたために「食べる」の動詞を用います．

2 Michel cherche la clef.

＊「鍵」は la clé の綴りもあります．

3 Je donne un dictionnaire japonais-français (à Paul).

＊〈 donner＋物＋à＋人 〉「人に物を与える」の展開．なお，形容詞「仏和の」は名詞の後に置きます．

4 Je pense, (donc) **je suis.**

＊Descartes デカルトの『方法序説』に記されたあまりにも有名な言葉．

5 Nous commençons un travail.

＊commencer の nous の活用は音の関係から，〈 commencons 〉ではなく〈 commençons 〉と綴ります．☞ p. 80

6 (Les) **enfants aiment les œufs.**

＊œuf は単数では [œf]，複数になると [ø] と発音されますので注意してください．☞ p. 45

10 指示形容詞・所有形容詞　pp. 22-23

練習問題 1：指示形容詞の基本をチェックします．

解答 1 ces vélos　　2 cette montre　　3 cet hôtel
　　　4 cet étudiant　　5 ces voitures

♥ ポイント解説

フランス語の指示形容詞に日本語の「この，その，あの」の別は原則としてありません．指示する状況によって訳語が決まります．ただし，遠近をはっきりさせたいときに

127

は，たとえば ce livre-ci「この本」，ce livre-là「あの本」として（-ci / -là の別で）対象と自分との距離を明確にすることができます．

練習問題 2：所有形容詞の基本をチェックします．

解答　1　ses vélos　　　2　sa montre　　　3　notre fille　　　4　mon école
　　　5　vos parents　　6　leurs dictionnaires　　　　　　　　7　son histoire

♥ ポイント解説

　所有形容詞は名詞の性・数によって決定します．とくに，3人称単数の「彼の・彼女の」の違いを混同しないように．☞ p. 65

練習問題 3：簡単な書き換え問題を通じて所有形容詞をチェックします．

解答　1　Oui, c'est son école.
　　　2　Oui, ce sont ses dictionnaires.
　　　3　Oui, c'est leur voiture.
　　　4　Oui, c'est ma maison.
　　　5　Oui, ce sont mes montres.

♥ ポイント解説

　名詞が単数か複数かによって所有形容詞が決まる点を確認してください．たとえば，3 は Oui, c'est leurs voiture.（×）とはなりません．voiture が単数です．所有形容詞はあくまで名詞の性・数によって形が決まります．

11　第2群規則動詞　pp. 24-25

練習問題 1：第2群規則動詞の活用とともに第1群規則動詞，あわせて avoir, être の活用を再確認します．

解答　1　finissons　　　2　choisit　　　3　aiment　　　4　sommes
　　　5　obéit　　　　　6　a　　　　　　7　gagne

♥ ポイント解説

1　私たちはすぐにこの仕事を終える．
＊tout de suite「すぐに」の意味．⇨ p. 54

2　彼女は結婚祝いを選ぶ．

＊英語で結婚は *marriage*, フランス語では mariage となり綴りが違います．英仏の綴りが似ているためにかえって綴りの混乱を招きかねません．ご注意を．

3 彼らはジャズが好きだ．

4 私たちはパリにいる．

5 彼女は両親の言うことをきく．

＊obéir à *qn.*/*qch.*「〜に従う」の意味．

6 彼は帽子をかぶっている（直訳：彼は頭に帽子を持っている）．

＊「帽子をかぶる（脱ぐ）」の動作なら，mettre (enlever) son chapeau と表現します．

7 私はたくさんの金を稼ぐ．

練習問題 2：語群が示してありますが，これをきちんと書きとるのはかなり難しい作業です．主語をしっかり見て（あるいは聞きとって）活用の間違いをしないように細かい配慮が必要でしょう．なお，誤りの多かった方は再度音声を聞きなおしてください．ここで手抜きをしますと一気にフランス語がわからなくなりますよ．

解答・解説

1 (Ma sœur) **choisit une robe noire** (pour une soirée).
   私の姉(妹)は夜のパーティ用に黒いドレス(ワンピース)を選ぶ．

2 (Mon père) **finit toujours son repas** (par un café).
   私の父は食事の最後はいつもコーヒーで終わる．

＊finir par *qch.*「最後が〜で終わる」．

3 (Ces enfants) **obéissent à leurs parents.**
   あの子どもたちは両親の言うことをきく．

4 **Vous avez des frères** (et sœurs) **?**
   兄弟，姉妹がいますか．

5 **Il marche / Ils marchent** (tous les dimanches dans la forêt).
   彼(彼ら)は毎週日曜日，森を歩く．

6 **Nous sommes japonaises.**
   私たちは日本人(女性)です．

7 **Ils bâtissent** (une ville nouvelle).
   彼らはニュータウンを建設する．

♥ ポイント解説

5 は単数 (il) か複数 (ils) かを音声の音だけでは判断できません．

12 否定文・疑問文　pp. 26-27

練習問題 1：否定文の基本をチェックしていきます．

解答

1 **Ce ne sont pas les cahiers de Marie.**
　　（それらは）マリーのノートではない．

2 **Elles ne mangent jamais de poisson cru.**
　　彼女たちはけっして生魚を食べない．

＊直接目的語に冠された不定冠詞・部分冠詞は否定文になると " de " に変わります（du poisson cru → de poisson cru）．この約束を初級者はついうっかりしがちです． ☞ p. 67

3 **Il n'y a plus de vin dans le frigo.**
　　冷蔵庫にもうワインはありません．

＊2 と同じ文法ですから，冠詞の形が変わります．冷蔵庫には réfrigérateur の語もありますが，まず日常的には使われません．frigidaire（元来は商標），frigo（くだけた言い方）を使います．なお，冷蔵庫に入れるのは "白ワイン"．コンビニなどでは赤でもビールと同様に冷蔵庫で冷やして売っている店が多いようですが......！

4 **N'habitez-vous pas à Paris ?**
　　あなたはパリに住んでいらっしゃらないのですか．

＊否定疑問文の形．返答は Si / Non で． ☞ p. 69

5 **Annie n'obéit jamais à ses parents.**
　　アニーはけっして親の言うことをきかない．

♥ ポイント解説

否定文の形を間違える人は（ne ... pas のはさみ方など），その多くが頭のなかで文法を理解したつもりになっている人たち．手で，耳でしっかり形を覚えていればミスは生じないはず．

練習問題 2：書き言葉として主に使われる倒置の疑問文になじみましょう．

解答・解説

1 **Aimes-tu le café ?**
　　コーヒーは好きですか．

2 **Habite-t-il à Tokyo ?**
　　彼は東京に住んでいますか．

＊もし，〈 × Habite-il 〉といった解答を書いた人がいたら「手で」「耳で」「口で」文章をとらえる練習が決定的に不足しています．

3　Jean a-t-il un ordinateur personnel ?
　　　ジャンはパソコンを持っていますか．
＊名詞主語 Jean を人称代名詞 il で受ける形．☞ p. 69

4　Ne parle-t-elle pas français ?
　　　彼女はフランス語を話しませんか．
＊否定疑問文です．主語・動詞の倒置とともに，ne ... pas の位置に注意．

5　Y a-t-il beaucoup de gens dans la rue ?
　　　通りに大勢の人がいますか．
＊il y a の倒置形は y a-t-il となります．

練習問題 3：疑問文の返答の基礎を確認します．

解答・解説

1　Oui, elle est hôtesse de l'air.
　　　はい，彼女はスチュワーデスです．

2　Non, ils ne travaillent pas beaucoup.
　　　いいえ，彼らは大して働きません（勉強しません）．

3　Si, j'aime les films français.
　　　いいえ，私はフランス映画が好きです．

＊否定疑問文の応答には Si / Non を用います．Oui ではありません．なおこの否定疑問への対応は相手の質問の仕方に応じてその意図にそって「ええ，そうではありません」「いいえ，そうなのです」と返答する日本語と，肯定・否定の疑問の形に関係なく Oui / Si＋肯定，Non＋否定　と自己中心的に返答を返すフランス語とでは考え方がまったく違います．

4　Si, j'ai des enfants.
　　　いいえ，子どもはいます．
＊否定文中で d'enfants と表記される形が，肯定文では des enfants となります．☞ p. 67

13 aller, venir と冠詞の縮約　pp. 28-29

練習問題 1：aller, venir の活用をしっかり覚えるのが目的.

解答　1 **vas**　2 **venez**　3 **allez**　4 **vient**

♥ ポイント解説

1　カナダに行きますか.
＊aller à＋都市名 / aller en＋国名（女性・男性母音）/ aller au＋国名（男性）の展開はご存じですか. ☞ p. 73
2　日本のご出身ですか（日本からいらしているのですか）.
＊venir de ...「〜の出身である，〜から来る」の意味.
3　お元気ですか.
＊この aller は「行く」ではなく，「(人が) 健康である；(体の具合が) 〜である」の意味で用いられた典型的な例です. ☞ p. 70
4　彼女はロンドンに到着したばかりです.
＊venir de＋*inf.* で「近接過去」を表しています.

練習問題 2：aller, venir の動詞とともに冠詞の縮約の関係（意味）がつかめているかどうかをチェックします.

解答

1　**Ma sœur aime le parfum des roses.**
2　**Ce matin, cet élève ne va pas à l'école.**
3　**Vous avez mal aux dents ?**
4　**Mon père vient de rentrer du bureau.**
5　**Nous déjeunons souvent au restaurant.**

♥ ポイント解説

1　私の姉(妹)はバラの香りが好きです.
2　今朝，その生徒は学校に行かない.
＊aller à l'école で「学校に通う（行く）」.
3　歯が痛いのですか.
＊"avoir mal à＋定冠詞＋身体" で「〜が痛い」. ☞ p. 93
4　父はオフィス（会社）から戻ったばかりです.
5　私たちはしばしばレストランで昼食をとります.

練習問題 3: aller + *inf.*「近接未来」/ venir de + *inf.*「近接過去」のパターンを確認する基本的な書き換え問題です. ☞ p. 71

解答・解説

1 Mon frère va avoir vingt ans.
Mon frère vient d'avoir vingt ans.

＊「もうすぐ 20 歳です」「20 歳になったばかりです」の意味.

2 Elles vont finir leurs devoirs.
Elles viennent de finir leurs devoirs.

＊この devoir は名詞で「宿題」の意味.

練習問題 4: aller, venir に注目しつつ和訳にチャレンジ. なお, 不明な単語があった方は辞書や単語集で自力で確認してください. 和訳を見て終わるだけでは単語力はつきません.

解答例・解説

1 私の息子はバカロレア（大学入学資格試験）を受けたばかりです.

＊この passer は「受ける」の意味で「合格する」= réussir (à) un examen の意味ではありません（英語からの類推で「試験をパスする」と考えがちです）.

2 あなた(方)は私の家に夕食に来ませんか.

＊前置詞 de がないので「近接過去」ではありません. venir + *inf.*「～しに来る」の意味.

3 私は駅に同僚を迎えに行く.

＊aller [venir] chercher *qn./qch.*「～を迎えに行く〔来る〕；とりに行く〔来る〕」の意味. ちなみに「見送る」は raccompagner [reconduire] *qn.* の形をとります.

4 （これから）仏日対抗のサッカーの試合が始まります.

＊aller + *inf.*「近接未来」の展開.

14 基本 6 文型　pp. 30-31

練習問題 1: 重要な文法なのですが教科書類ではあまり扱われていない事項のチェックです（ただし, 文型という考えに批判的な文法家もいます）.

解答例・解説

1 ジュリーはとても早口ですか.（1 文型）

＊très vite は副詞ですので文型には関係しません.

2 妹はレストランでおとなしくしています．（2文型）

＊ma petite sœur = sage の関係が成り立っています．

3 フランス語はそれほど難しくないと思う（それほど難しいとは思わない）．（6文型）

＊S+V+O. D.+A. → Le français est trop difficile.〈 S+V+A 〉の関係に気づきましたか．

4 フレデリックはいつも自分の将来のことを考えている．（4文型）

＊penser à *qch./qn.*「～について考える」．

5 私たちはいまもう **10** ユーロしかありません．（3文型）

＊ne … plus que「もはや～しかない」という意味の限定表現をはずして考えれば文型はわかりやすいのではないでしょうか．

6 私は仏和辞典を友だちに送る．（5文型）

＊「A〔物〕を B〔人〕に送る」という文型．

♥ ポイント解説

文型を自然にとらえられるようになれば確実に実力アップします．文の基本的な形を覚えることで，この先，多様な表現に対応するベースができあがるはずですから．

練習問題 2：整序問題で文型の理解度をチェックします．

解答

1 **Il parle toujours de sa fiancée.**

2 **Florence ressemble beaucoup à sa mère.**

3 **Est-ce que vous donnez cette montre à votre ami ?**

4 **Je ne trouve pas Sophie très intelligente.**

♥ ポイント解説

1 parler de *qch./qn.*「～について話す」．

2 ressembler à *qn.*「～に似ている」．

3 donner *qch.* à *qn.*「物を人に与える」．

4 典型的な6文型．

15　入門文法編・総復習　pp. 32-33

練習問題 1：応答文から適当な動詞の形（現在形）を見つけだす仏検で定番の出題形式．

解答　1 rentrez　　2 aime　　3 êtes　　4 vais　　5 vient

♥ ポイント解説

1の「明日戻りますか」の疑問文は現在形で未来を表しています． ☞ p. 85

もし，この練習問題に1つでもミスのあった方はもう一度，動詞活用を見直してください．このレベルの動詞活用に不備がありますとこの先の多様な法と時制で混乱をきたすは必定．急がばまわれの精神です．

練習問題 2：冠詞の用法の理解度をチェック．

解答　1 du　　　2 le　　　3 la　　　4 des　　　5 de
　　　6 ×　　　7 de la　　8 ×

♥ ポイント解説

1　「冷蔵庫にチーズはまだありますか」と聞いているわけですから，「ある分量のチーズ」を表す部分冠詞になります．

2　「チーズは好きではない」というわけですから「チーズ（総称）」＝定冠詞という展開です．なお，**7** 冠詞（⇨ pp. 16-17）で見たように，可算名詞の総称には複数を不可算名詞の総称には単数を用いました．チーズは後者です．

3　「自宅の鍵です」は de chez moi で限定されていますから定冠詞になります．

4　「お子さんはいらっしゃいますか」．子どもは複数ですから，不定冠詞の複数が必要です．

5　「兄弟，姉妹はいないのですか」．4 と同じく不定冠詞複数なのですが否定疑問文ですから冠詞が de となる点に注意してください．

6　「お腹がすいてませんか」．"avoir＋無冠詞名詞"の成句です．
　　cf. avoir froid [chaud, soif, sommeil, raison, tort, peur] *etc.*

7　「毎朝，私はジャムを食べます」．ある若干量のジャムを食べるわけですから部分冠詞になります．

8　「私たちは医者ではない」．S＋V＋A（属詞）の構文で "職業・国民" は無冠詞で用いられます．ただし，同じ文型でも " C'est " を用いた場合には属詞に冠詞が必要になります． ☞ p. 49, pp. 218-219

例：Il est français.　　　彼はフランス人です．
　　C'est un Français.　　彼(こちら)はフランス人です．

練習問題 3：基本文法・語法を確認するための書き換えです．

解答

1　Sylvie étudie-t-elle le français ?
2　Mon oncle va téléphoner au bureau.

3 **Elles viennent de jouer au tennis.**
4 **Elle choisit une robe rouge.**
5 **Il y a beaucoup de livres sur la table.**

♥ ポイント解説

1 は名詞主語を人称代名詞で受けて倒置する形にします.「シルヴィーはフランス語を勉強していますか」. ただし, この étudier「勉強する」は「自ら研究・検討して知識を得る」といった積極的な意味.「(初歩的なレベルの) フランス語を学ぶ」の意味では apprendre le français＝faire du français といった形が通例です.

2 aller＋*inf.* の近接未来にします.

3 venir de＋*inf.* を使って近接過去の文章に. "jouer à＋スポーツ／ゲーム" に対して, "jouer de＋楽器" となります. なお, 球技以外のスポーツには faire du ski「スキーをする」といった表現を用います.

4 une robe rouge の語順に注意. 色を表す形容詞は名詞の後に置きます.

5 「テーブルの上にたくさん本がある」. 典型的な il y a の構文.

練習問題 4 ：音声を使って基本文法を耳から手に連動させます. 仏検4級から3級への橋渡しとなるレベルのディクテです.

解答

1 **Il choisit son cadeau** (d'anniversaire).
   彼は自分の(彼女の)誕生日プレゼントを選ぶ.
2 **N'habitez-vous plus** (à Paris) ?
   もうパリには住んでいないのですか.
3 (Tu) **donnes ce dictionnaire** (à Agathe) ?
   君はこの辞書をアガトにあげるの.
4 (Ils) **mangent de la soupe** (chaque matin).
   彼らは毎朝スープを飲む.
5 (Ma sœur) **a de beaux cheveux blonds.**
   私の姉(妹)は美しいブロンドの髪をしています.

♥ ポイント解説

すでに大半の形はこれまでの練習問題のなかで扱ったものばかりです. 綴りのミスがないか, 聞き間違いがないかなど, 解答を見る前にしっかり確認してください. たとえば, 2×Nabitez　3×Tu donne　5×de beau cheveu blond　といった綴りミス・文法ミスをした方は見直しが必要です.

初級文法編

16 疑問副詞・faire と prendre　　pp. 36-37

練習問題 1：疑問副詞と疑問文の展開を理解しましょう．

解答

1　Où allez-vous déjeuner ?
2　Combien d'étudiants y a-t-il dans votre [ta] classe ?
3　D'où vient-elle ?
4　Depuis quand êtes-vous [es-tu] à Londres ?
5　Quand allez-vous à la campagne ?
6　Comment va-t-il à l'université ?

♥ ポイント解説

倒置形という解答条件がなければ，たとえば 1 Où est-ce que vous allez déjeuner ? / Vous allez déjeuner où ? といった形でも解答になります．

下線部が「どこ／何人の学生／どこから（出身）／いつから／いつ／どうやって（方法）」という疑問詞に相当することを見抜く必要があります．なお，4 は Depuis combien de temps … ? / Depuis combien de mois … ? などと聞くこともできます．

練習問題 2：faire / prendre の活用をしっかりチェック．

解答（例）

1　**fais**　　　なぜ君は妹に意地悪をするの．
＊faire le méchant (avec *qn.*)「(～に)意地悪する，いきりたつ」．

2　**prend**　　この仕事はとても時間がかかる．
＊prendre＋時間（期間）「(主語・事物) 時間がかかる」の意味．

3　**faites**　　どんな仕事をなさってますか．
＊職業をたずねる典型的な疑問文ですが，疑問代名詞 qu'est ce que は **19** (⇨ pp. 42-43) でチェックします．

4　**prennent**　彼女たちは朝食を食べません．
＊prendre で「(食事を)食べる，飲む」の意味．☞ p. 75

5 **fait** 彼女がここで働いて2週間になる.

*"Ça fait+時間（回数）+que+S+V"「～してから…になる（度目だ）」の構文です.

♥ ポイント解説

その他, faire / prendre を使った基本表現を見ておきます.

- faire+部分冠詞+名詞（スポーツ, 楽器, 学問など）
  faire du jogging (du piano, de l'économie politique, *etc.*)
- faire de A B :「A を B にする」= transformer A en B
- il fait+形容詞（名詞）: 天気の表現
- prendre A pour B :「A を B ととり違える（見なす）」
- prendre froid :「風邪をひく」= attraper froid, attraper un rhume

練習問題 3 ：疑問詞の文章を"耳で聞いて → 手で書く"（小生はこの流れがスムーズに展開する能力を"拡聴力"と称しています）の基本をチェックしましょう.

解答

1 **Quand est-ce que tu vas** (quitter la France) ?
2 **Pourquoi reste-t-elle** (à la maison) ?
3 **Où passez-vous vos** (vacances cet été) ?

♥ ポイント解説

和訳は下記の通りです. 書きとりのミスがなくなるまで何度も繰りかえしチェックしてください. それが「書く聴力」→〈拡聴力〉養成の第一歩になります.

1 君はいつパリを発ちますか.
2 彼女はなぜ家にいるのですか.
3 今年の夏, あなた(方)はどこでヴァカンスを過ごしますか.

17 疑問形容詞　pp. 38-39

練習問題 1 ：名詞の性・数によって形が変化する疑問形容詞に慣れましょう. あわせて応答文で内容理解をはかります.

解答　1 **Quel** [c.]　　2 **quelle** [d.]　　3 **Quelle** [a.]　　4 **Quelles** [b.]

♥ ポイント解説

1 何曜日ですか. quel jour は「何日ですか」〈Le combien sommes-nous ? / On est le combien ? / Quelle est la date ? / Quelle date sommes-nous ?〉といった日付

をたずねる疑問文ではありません．c. の「日曜日です」に対応します．☞ p. 101

2 あなた（方）の国籍はどちらですか．国籍は形容詞扱いですので 〈 de quelle nationalité 〉と前置詞 de が必要です．

cf. (1) Quelle couleur aimes-tu ?「何色が好きですか」

(2) De quelle couleur est ta voiture ?「君の車は何色ですか」

(1) は名詞（色）をたずね，(2) は形容詞（色）をたずねています．この違いで文頭の前置詞の有無に違いがでます．☞ p. 220

3 あなたの誕生日はいつですか．

4 これらの花はなんですか．

練習問題 2：疑問形容詞の男女・単複を考えながら整序する問題です．

解答

1 **Quelle musique aimez-vous ?**
2 **Quel temps fait-il aujourd'hui à Paris ?**
3 **Quel est ton poids ?**
4 **Quels fruits y a-t-il dans le panier ?**
5 **De quelle couleur est votre manteau ?**
6 **Vers quelle heure prenez-vous votre déjeuner ?**
7 **Quel monde il y a dans la rue !**

＊感嘆文では主語・動詞を明示しないケースもよくあります．

18 数詞　pp. 40-41

練習問題 1：数字を聞きとり，書きとる練習です．

解答

1　17　　**dix-sept /** 2010　**deux mille (mil) dix**

＊西暦紀元後の年代を表す際に mille の代わりに mil の形も使われます．ただし，100 位以下の端数がつく場合に限られます

2　11　　**onze**
3　35　　**trente-cinq**
4　20　　**vingt**
5　9　　**neuf**

6	5ème	**cinquième**

*基数＋ième の形が序数の原則．ただし，5番目は × cinqième とはなりません．

7	76	**soixante-seize**
8	81	**quatre-vingt-un**
9	100	**cent** *かなり高価なコース料理です．
10	100.000	**cent mille**

♥ ポイント解説

大きな数字はフランス語で書けなくても当面問題はありませんが，せめて 100 までの数字は書けるようにしておきたいものです．なお，6 の訳には注意してください．「シャルルは6階に住んでいる」と訳す必要があります． 1階を le rez-de-chaussée と称するため，le premier étage が2階となる理屈です．7 の「数詞＋％」は「数詞＋pour cent」と書かれ，読まれます．「このチーズは脂肪分 76％を含む」の意味．なお 10 を数字で書く際に 100,000 と日本式に千の位取りに〈,〉を使わず〈.〉を用います．〈,〉は少数点の単位を表すときに使います（日本の表記とは逆になります）． ☞ p. 99

練習問題 2：再度，数字を聞きとるのがポイント．少々不明な語が流れてきてもそのなかから数字をきちんとピックアップできる聴力のチェック．

解答　1　8時ごろ　　2　75％引き　　3　14 ユーロ
**　　　4　12, 44, 71, 96, 91, 15**

♥ ポイント解説

音声から流れてくる文章は下記の通りです．

1 　— A quelle heure, je viens prendre tes parents ce soir ?
　　　— Vers huit heures, ça va ?

*venir は「来る」ではなく，「（話し相手の方，話題の場所に）行く」の意味．また，prendre は「〜を迎えにいく；（乗物に）乗せる」の意味です．

2 　— Cette cravate est géniale ! En plus, elle est en solde !
　　　— C'est vrai ! Il y a une remise de 75％ !

*en solde「バーゲンで」．remise「割引，免除」．

3 　— Pouvez-vous raccourcir ce pantalon d'environ 5 centimètres ?
　　　— Oui bien sûr, mais je suis obligée de vous compter 14 euros en plus.

*raccourcir「〜を短くする，縮める」．店員の返事は「はい，できますがさらに 14 ユーロかかります」の意味です．

4 　— Attention au premier numéro ! Nous commençons par le … 20, puis le 12, 44, 71, 96, 91, 15 …

— Ça y est ! Moi, j'ai gagné !

*Ça y est ! は話し手がある事柄を予測していてその通りになった「やった，しめた」の意味.

19 疑問代名詞 ① pp. 42-43

練習問題 1：疑問代名詞の基本を覚えましょう.

解答

1 **Qui [Qui est-ce qui] demande du vin rouge ?**
2 **A quoi pensez-vous [penses-tu] ? / A quoi est-ce que vous pensez [tu penses] ?**
3 **Que prenez-vous après le dîner ? / Qu'est-ce que vous prenez après le dîner ?**
4 **Avec qui allez-vous [vas-tu] au théâtre ? / Avec qui est-ce que vous allez [tu vas] au théâtre ?**

♥ ポイント解説

単純形の後ろは主語・動詞を倒置，複合形の場合には主語・動詞の順番で並びます.

練習問題 2：迷わずに疑問代名詞と解答を結びつけられますか.

解答 1 d.　2 c.　3 b.　4 g.　5 a.　6 h.　7 e.　8 f.

♥ ポイント解説

疑問の対象は人か物か，主語が直接目的語かなどポイントを素早く見つけてください.
4 は「あの女性は何をしている人ですか」の意味. Qui est cette dame ? なら「あの女性はどなた（誰）ですか」の意味です. 5 は「あなたはどなたでしたっけ」と素性をたずねています. donc は疑問・感嘆・命令などを表す文中で強調を表す語です.

練習問題 3：疑問代名詞が使われている文章を迷わず，きちんと書きとれましたか.

解答・解説

1 **Qu'est-ce que vous prenez** (comme boisson) **?**

*レストラン等でたずねられる質問.「お飲み物は何になさいますか」.

2 **De quoi est-ce que vous avez besoin ?**

*「あなたは何が必要ですか」. avoir besoin de *qch./qn.*「～を必要とする」の成句.

3　En quoi est (ce sac à main) ?

＊「このハンドバックは何でできてますか」．この前置詞 en は「材料・構造：〜からなる，〜でできた」の意味．もし，「皮でできてます」の意味なら Il est en cuir. と答えることになります．

4　Qui est à l'appareil ?

＊電話での定番の表現．「どなたですか」．C'est de la part de qui ?「どちら様ですか」という応答もあります．ただし，通例これは人に電話をまわす際に使われる（オペレーターなどが使う）形．4 は自分にかかってきた電話で用いる形です．

5　Quelles sont vos impressions (sur Grenoble) ?

＊「グルノーブルの印象はいかがですか」の意味．vos impressions ("さまざまな印象"をたずねるので複数形) との対応で疑問形容詞が quelles と女性形複数になる点に注意してください．

20　非人称構文　pp. 44-45

練習問題 1：非人称 il を使った文章をとらえる練習ですが，音と綴りがスムーズにつながりますか．

解答・解説

1　Il est déjà neuf heures (et demie).

＊「もう9時半です」．時間の表現は非人称構文の代表です．heures の〈 s 〉を書き落とすミスをしないように．なお「〜時半」の表記には，男女の名詞の性の違いによって et demie, et demi と2種類があります．☞ p. 234

2　Il fait beau aujourd'hui.

＊「今日は晴れです」．天候を表す表現も非人称構文の代表．

3　Il est nécessaire de (préparer l'examen).

＊「試験の準備をする必要があります」．il は形式主語で，de + *inf.* の部分が実質的な主語になる形．英語の *It is necessary to do ...* に相当．☞ p. 108

4　Il ne faut pas (être en retard).

＊「遅刻してはならない」．falloir は非人称でしか用いない動詞．il ne faut pas + *inf.* と否定文になると禁止のニュアンスを表します．

5　Qu'est-ce qu'il faut acheter (pour le dîner) ?

＊「夕飯に何を買わなければなりませんか」．疑問代名詞と il faut + *inf.* の組み合わせをスムーズに聞きとれ，書きとれましたか．

練習問題 2：和訳だけで仏作文ができるレベルが理想です．

解答・解説

1 (Il est) **très difficile de résoudre ce problème.**

＊il が形式主語で " de + *inf.* " 以下を受ける展開．

2 (Combien de) **lettres y a-t-il dans l'alphabet français ?**

＊il y a も非人称表現の代表です．答えは「26 文字」ですね．

3 (Est-ce qu')**il pleut beaucoup dans cette région ?**

＊pleuvoir「雨が降る」，neiger「雪が降る」など天候にからむ非人称表現は基本中の基本．☞ p. 106

4 (Il faut) **vingt minutes pour aller à pied** (à la gare)**.**

＊il faut + 時間 + pour + *inf.* で「～するのに…かかる」の意味．à pied「徒歩で」．

5 (Il) **reste cinquante dollars dans cette boîte.**

＊arriver, venir, exister, rester など存在や出現を表す自動詞が非人称構文になることがあります．例文を書き換えると，Cinquante dollars restent dans cette boîte. となります．☞ p. 227

6 (Il) **arrive souvent des accidents dans ce carrefour.**

＊4 と同じ．Des accidents arrivent souvent dans ce carrefour. と書き換えることができます．

21 補語人称代名詞　pp. 46-47

練習問題 1：前文のどの部分をどの補語人称代名詞で受けるかをしっかり見極めなくてはなりません．

解答　1 leur　　2 vous le　　3 les　　4 lui　　5 leur

♥ ポイント解説

1　「両親にしょっちゅう電話をしますか」「ええ，ほとんど毎日電話します」．à tes parents「両親に」（間接目的語の典型は " à + *qn.*〈人〉" の形）→「彼らに」leur（間接目的語）になります．

2　直訳すれば「あなたは私に（間接目的語）あなたの論文を（直接目的語）見せてくれますか」「はい，私はあなたに（間接目的語）それを（直接目的語）見せます」．となります．「あなたに」vous と「論文（それ）を」le（直接目的語）に置いて，語順は " vous le " の順になります．逆は不可．☞ p. 114

3　「お父さんはラジオでニュースを聞きますか」「とんでもない，けっして聞きません」．直接目的語「ニュースを」（複数）を受けるわけですから，les となります．

4　「フィアンセ（婚約者）を信用していないのですか」「いいえ，信用してますよ」．à votre fiancé を代名詞で受けるわけですから間接目的の lui「彼に」になります．faire confiance à *qn.* = avoir confiance en *qn.*「（人を）信用する」．

5　「友だちに自転車を貸すつもりなの」「いや，貸すつもりはないよ」．avoir l'intention de + *inf.*「〜するつもりです」．à tes amis と3人称複数を受ける間接目的語ですから leur になります．

練習問題 2：人称代名詞をどこに置くか．これをしっかり頭にたたきこむのに整序問題は最適です．

解答・解説

1　(Elle) ne le connaît pas du tout.　**2 1 3 4**

＊ne ... pas du tout「まったく〜ない」で，補語人称代名詞+動詞をはさめば否定文になります．「彼女は彼をまったく知りません（connaître :〔人の顔・名前を〕知っている）」．これを「彼女はそれを（対象が物）まったく知りません」とするには，「〔情報・事実を〕知っている」savoir を使って，Elle ne le sait pas du tout. とします．

2　(Je suis) content de vous voir.　**3 2 1 4**

＊「私はあなたに会えて満足です（嬉しい）」．vous「あなたに」は動詞 voir にかかりますので置き位置を間違えないように．

3　(Je vais) vous présenter à elle.　**4 3 2 1**

＊「あなたを彼女に紹介しましょう」．présenter A à B「A を B に紹介する」を使った補語人称代名詞は間違いが起こりやすいので注意をしてください．× Je vais vous lui présenter. は不可です．☞ p. 115, p. 230

4　(Non, ce) n'est pas à moi.　**3 1 2 4**

＊「いいえ，私のではありません」．être à ... で所属を表す表現．前置詞+強勢形になります．

5　(Nous) ne leur reprochons rien.　**2 3 4 1**

＊reprocher *qch.* à *qn.*「（人の）〜をとがめる，非難する」をもとに à + *qn.* = leur となっている例．「私たちは彼らをとがめてはいません」．なお，Je ne vous reproche rien, mais ...「なにもあなたをとがめるわけではないのですが，でも...」という定型的な形もあります．

6　(As-tu) l'intention de lui donner ça ?　**4 2 3 1**

＊「君はそれを彼（彼女）にあげるつもりなの」．avoir l'intention de + *inf*.「～するつもりである」の成句での展開．なお，実際の会話では直接・間接の補語人称代名詞を２つ重ねる形（たとえば，上記の**練習問題 1 2** のパターン）よりも，この文章のように物を示す直接目的語として ça や cela を使う表現が通例です．☞ p. 114

22 準助動詞　pp. 48-49

練習問題 1：助動詞に準ずる動詞の確認です．

解答　1 Voulez　2 dois　3 peux　4 Savez

♥ ポイント解説

1　「この本を私に貸してくれませんか」．Voulez-vous [Veux-tu] + *inf*.？「～してください」の意味．vouloir –「～したい；～が欲しい」という単純な図式だけでは対応できません．

2　「君はマリアンヌに電話をしなければなりません」．devoir + *inf*.「～しなければならない」の意味．

3　「ここで煙草を吸ってもいいですか」．Est-ce que je peux … ? / Puis-je … ?（× Peux-je の倒置形の疑問文は不可）は許可を求める表現．

4　「テニスができますか」．savoir「（学習・訓練によって備わった能力として）～できる」と pouvoir「（ある限定された条件のもとで）～できる」の違いはご存じですか．
☞ p. 252

練習問題 2：聞きとれ，書きとれれば和訳できるはずですが，さて，いかがでしょうか．

解答（例）・解説（直訳でもかまいませんが，なるべく自然な訳をつけるように心がけたいものです）

1 Pouvez-vous venir chez moi (demain) ?

　　明日，私の家に来ませんか．

♣直訳すれば「私の家に来ることができますか」となりますが……

2 Tu sais faire (du ski) ?

　　君はスキーはできますか．

＊pouvoir の「～できる」とはニュアンスが違います．☞ p. 252

3 (A quel endroit) **dois-je aller pour acheter** (cette revue) ?

その雑誌を買うのにどこへ行けばいいですか．

＊「行かなければなりませんか」はいかにも直訳です．

4 Il ne faut pas jouer (avec le feu).

火遊びはするな．

＊Il ne faut pas + *inf.* で禁止の意味．

5 (Mademoiselle), **voulez-vous me donner** (un renseignement) ?

おたずねしたいことがあるのですが．

＊donner un renseignement「情報を与える」．

6 Nous allons discuter (du problème).

（これから）その問題を話し合いましょう．

＊近接未来 aller + *inf.* に注意．

7 (Combien d'amis) **avez-vous l'intention de faire venir** (pour cette soirée) ?

今夜のパーティには何人友だちを招待するつもりですか．

8 (Allez-vous-en) ! **Je ne veux plus vous voir.**

あっちに行って．もう顔も見たくありません．

＊「あっちに行って」に使われているのは，s'en aller「出ていく」の命令文．文法の先どりですが文脈上追記しました． ⇨ **27** 代名動詞 pp. 58-59

9 (On) **ne peut pas vous le dire.**

あなたにそれは言えません．

＊補語人称代名詞を使っている文例です．なお on は特に「私たち = nous」，あるいは「人びと」の意味で使われる語ですが，通常，和訳しないのがポイントです． ☞ p. 110, p. 248

10 Qu'est-ce que nous devons faire ?

私たちは何をなすべきか．

23 その他の重要動詞の直説法現在　pp. 50-51

練習問題 1 ：動詞を扱えるようになれば，一気にフランス語を動かせる幅が広がります．

解答　1 **boivent**　2 **voit**　3 **connaissez**　4 **dis**　5 **rend**
　　　6 **crois**　7 **comprenez**　8 **mettre**　9 **tient**　10 **partez**

♥ ポイント解説

動詞活用が不明な方は辞書の巻末に載っている動詞活用表などを確認してください

(紙幅の都合もあり活用を逐一掲載してありません．なお，拙著『CD付：〈暗記本位〉仏検対応・フランス語動詞活用表』(駿河台出版社)は従来の動詞活用表の概念を変えた新機軸です)．

1 彼女たちは煙草を吸い酒を飲む．

2 この窓から海が見えます．

3 あなた(方)はあの女性をご存じですか．

4 それでも君にこう言おう．愛してるよ．

＊この le は後に置かれた〈je t'aime〉を先どりしている代名詞．quand même「(対立)それでもやはり，それにしても」．

5 彼女の夫は彼女を不幸にする．

＊典型的な6文型です．⇨ **14** 基本6文型 pp. 30-31

6 そのニュースを知らないの．

7 あなた(方)は彼(彼女)の態度をどう理解しますか．

8 少々貯金しなりればならない．

＊mettre de l'argent de coté「(お金を別にとっておく) → 貯金する = économiser」．

9 彼女はコートを手にもっている．

10 もうお帰りですか．

練習問題2：動詞(現在形)をしっかり書きとれるかがポイント．

解答・解説

1 **Nous ne mangeons pas de viande.**

＊manger の nous の活用に注意．☞ p. 80

2 **Préfères-tu du café** (ou du thé)？

＊préférer のアクサンの向きに注意．☞ p. 81

3 **J'envoie un paquet de livres** (par avion).

＊envoyer の活用をチェックしてください．un paquet de livres「書籍小包」(livreが複数になっている点に注意)，par avion「航空便で」．*cf.* en avion「飛行機で」．

4 **Je la connais depuis longtemps.**

＊connaître の活用．ちなみに3人称単数の主語には connaît とアクサンスィルコンフレックスが付きます．depuis longtemps「ずっと前から」．

5 **Cela vous plaît ?**

＊「お気に召しましたか」の意味．「物」が主語で，plaireは「〜の気に入る，〜に喜ばれる」．s'il vous[te] plaît の形で頻々と見かける動詞です．

6 (Cet homme) **ne sait ni lire ni écrire.**

*「この人は読み書きができない」. ne ... ni A ni B「A も B も〜ない」の意味. ☞ p. 198
7 On n'ouvre pas le dimanche.
*ouvrir の現在形は第 1 群規則動詞と同じ活用をします.「当店, 日曜日は開いておりません」. なお, 曜日に定冠詞をつけると「毎○曜日」の意味になります.

24 比較   pp. 52-53

練習問題 1：比較級・最上級の基本パターンを確認します.

**解答 1 moins intelligent   2 meilleur que   3 le plus long
         4 aussi[si] gentille   5 plus belles**

♥ ポイント解説

1 もしマリーを主語にして書き換えるなら, Marie est plus intelligente que Paul.（形容詞が女性形になる点にも注意）となります.

2 bon の優等比較は〈 × plus bon → ○ meilleur 〉となります. ちなみに, bien の優等比較級は〈 × plus bien → ○ mieux 〉です. ☞ p. 135

3 主語の La Loire につられて, la plus longue といった綴りにならないように. fleuve [*n. m.*]「(川 rivière が集まり海へと注ぐ) 大きな川, 大河」にあわせて冠詞と形容詞の形が決まります.

4 ne pas aussi ... que は ne pas si ... que とも書かれます. なお同等比較の否定は「A は B と同じく〜ではない」という訳はつけません. ☞ p. 231

5 un(une) des + 複数名詞「〜のなかの 1 つ（人）」の展開.

練習問題 2：しっかり聞きとり, 書きとれるかがポイント. そろそろ聞きとりにも慣れてきて欲しいと思います.

解答

1 Ce restaurant-ci est bien meilleur que ce restaurant-là.
2 Cette robe coûte plus cher que ce chapeau.
3 La gare du Nord est une des plus grandes gares de Paris.
4 Bernard dessine mieux que Michel.
5 C'est mon plus beau costume.

♥ ポイント解説

1 このレストランはあのレストランよりずっとすばらしい.

*bon の優等比較級 meilleur(e)「より良い，より優れた」を副詞の bien で強調している形．

2 このドレスはあの帽子よりも値段が高い．

*coûter cher「(値段が) 高い」の cher は副詞ですので形はそのまま．あわてて形容詞の女性形 chère にしないように．

3 北駅はパリで最も大きな駅のひとつです．

4 ベルナールはミッシェルよりもデッサンがうまい．

5 これは私の持っているなかで一番美しい服です．

*定冠詞の代わりに，所有形容詞を使った最上級のパターンです．☞ p. 117

25 tout と指示代名詞　pp. 54-55

練習問題 1：tout の違いと性・数変化する指示代名詞のチェック．

解答例・解説

1 あなたがたは皆賛成ですか．

*人称代名詞と同格になる不定代名詞（vous = tous）．

2 同じことをくだくだ繰りかえさないで．

*tout le temps「絶えず，始終」．

3 彼女は2か月に1度リヨンに行く．

*une fois tous les deux mois「2か月に1度」．

4 人は誰でも間違うものだ．

*tout(e) + 単数名詞の形．tout homme = chaque homme = n'importe quel homme などと同意です．なお，pouvoir は可能性を表し「～でありうる」の意味．

5 食べることほど手軽な楽しみはない．

*celui de manger = le plaisir de manger．plaisir は知的・肉体的な「喜び，楽しみ」を表します．avec plaisir「喜んで」の成句は頻度が高い言いまわし．類語の joie「喜び」は苦労などが報われたときなど「喜び」を表す最も一般的な語です．宣伝で恐縮ですが，こうした重要表現や熟語等の細かい解説が必要な方，あわせて練習問題をお探しの方には，拙著（Pascale MANGEMATIN 校閲）『仏検2級・3級対応・フランス語重要表現・熟語集』（駿河台出版社）がお薦めです．

練習問題 2：tout, toute, tous, toutes は聞きとって，書きとる際に綴りのミスをしやすい．

解答

1. (Voici) **ma cravate et celle de Pierre.**
2. (Je) **préfère ceci à cela.**
3. **Vous ne connaissez pas toute l'histoire.**
4. **Elle prend son bain tous les soirs.**
5. **Celui-là, il est fort** (aux échecs).

♥ ポイント解説

3 「あなたはその話を全部知っているわけではない」．部分否定の訳になります．

5 「あいつはチェスが強い」．話題になっている人物や近くにいる人物を指して celui-là, celle-là を使う例．ただし，人に対して指示代名詞を使うこの例はいささか丁寧さに欠けます．基本的には「物」に対して使う形が原則です．なお，être fort(e) à qch. は「(ゲーム・スポーツに) 強い，よくできる」．

cf. être fort(e) en +" 学科・分野 " / être fort(e) sur +" テーマ・問題 "

練習問題 3：成句の意味をしっかりチェックします．

解答　1 c.　2 a.　3 d.　4 b.　5 f.　6 e.

♥ ポイント解説

a. まったく，完全に	**b.** さっき；もうすぐ	**c.** それでも：何にせよ
d. 皆	**e.** 1日中	**f.** 毎日

1 それにしても，ひどすぎます（大げさすぎます）．
2 まったくあなた(方)のおっしゃる通り（しごくご尤も）．
3 皆(すべての人)を満足させることはできない．
4 彼らはもうすぐ来るでしょう．
5 その映画は毎日上映されている．

*être projeté は受動態．⇨ pp. 80-81

6 何ですって．君の兄貴(弟)は1日中寝てるの．

26 数量副詞　pp. 56-57

練習問題 1：どうして一方が適当でないのかを考えながら，数量副詞の形をしっかり見極めましょう．なお，問題には仏検4級レベルと表示しましたが，3級レベルの問題も含まれていますので，たやすい問題ではありません．

解答・解説

1 **plus de**

*名詞の「辛抱強さ，忍耐」patience を "彼女と彼とで" 比較した文ですから，"beaucoup de + 無冠詞名詞" の優等比較級 "plus de + 無冠詞名詞" が適当です．

2 **beaucoup d'**

*ami は可算名詞ですから，quelques amis「何人かの友だち」，あるいは plusieurs amis「何人もの友だち」なら成立しますが，不可算名詞に対して × un peu d'amis「わずかな友だち」の形は不可．peu d'amis の形なら可．☞ p. 219

3 **une tasse de**

*café の分量を表す形で「コーヒー1杯（カップ1杯分）」とします．un verre de は「グラス1杯」の意味で，普通は冷たい飲み物に使われます．

4 **autant de**

*「私はマリーと同じだけ本を持っている」．aussi ... que は形容詞・副詞に用います．名詞を伴った表現で「同数(量)の」とするには "autant de + 名詞" の形をとることになります．

5 **trop**

*beaucoup は副詞．Il fait froid. の froid は名詞です．副詞は名詞を修飾しません．ただし，副詞 trop は動詞句〈faire froid〉とともに用いて「寒すぎる」の意味で使うことができます．

6 **assez**

*assez bien「かなり，まあまあ」の成句にします．

7 **bien**

*beaucoup de monde = bien du monde の形を混同しないこと．☞ p. 121

8 **Une feuille de**

*「紙を1枚」の意味ですから feuille を使います．un morceau de は「一片，一塊」の意味．☞ p. 121

練習問題 2：数量副詞の語順・形をチェック．そろそろ文章力の基礎を築くための整序問題には慣れてきましたか．

解答・解説

1 **Vous avez bien du courage.**

*bien du[de la] + 単数名詞 / bien des + 複数名詞 で「多くの〜」の意味．

2 **Beaucoup de gens sont en train de** (jouer au tennis).

*être en train de + *inf.*「〜しているところです」．beaucoup de gens を bien で書

けば bien des gens となります.

3 (Est-ce que votre père) boit moins qu'autrefois ?

＊「あなたのお父さんは昔ほど飲まないのですか」．この moins は beaucoup の劣等比較級，peu の優等比較級です．

4 (Elle lit) plus de livres que vous.

＊名詞を伴った比較表現の代表的な例文．

5 (Il n'y a pas) assez de touristes pour un mois d'août.

＊bien de＋無冠詞名詞で「十分の〜」suffisamment の意味．「8月にしては観光客があまりいない」．

練習問題 3 ：これを間違えずに書きとれれば，かなりの実力者．

解答・解説

1 Voulez-vous un peu plus de café ?
　　もう少しコーヒーをいかが．

2 Il a moins de talent que de chance.
　　彼は才能があるというより運に恵まれている．

＊moins de A que B「A よりもむしろ B（B ほど A でない）」の形．

3 (Ma sœur) a trop peu d'amis.
　　私の姉（妹）は友だちが少なすぎる．

＊peu d'amis を trop で強調しています．

4 (Ce travail) demande beaucoup de temps et peu d'intelligence.
　　この仕事は時間はかかるが頭はほとんどいらない．

＊この文の demander は「物」が主語で「〜を必要とする，要求する」の意味を表します．

27 代名動詞　pp. 58-59

練習問題 1 ：代名動詞の活用に慣れ親しむのが目的．

解答　1 se prend　　2 vous trompez　　3 nous revoir
　　　　4 te douches　5 se moquent

和訳例

1　この薬は食後に飲むのですか（飲むものですか）．

2 あなたは完全に考え違いをしている．

3 1週間後にまたお会いできますか．

＊dans huit jours「8日後」と書いて，1週間＝dans une semaine と訳します．ちなみに quinze jours なら「2週間」の意味．

4 君は今晩シャワーを浴びないの．

5 彼女たちはいつも僕をからかう．

♥ ポイント解説

活用・和訳に間違いや不明な箇所があった方は動詞活用（代名動詞）ならびに辞書をチェック．

練習問題 2：代名動詞が使われている疑問文をしっかり聞きとる練習．

解答　1 b.　2 c.　3 d.　4 e.　5 a.　6 f.

♥ ポイント解説

1 Comment se rend-on à la gare de Lyon ?

どうやってリヨン駅へ行きますか → 行き方（方法）を答える　b.「真っ直ぐです」が適当です．

＊se rendre + 場所「～へ行く，赴く」．

2 Comment te trouves-tu ?

気分はいかがですか → 少し良くなってます．と対応します．ただし se trouve は「自分を～と感じる」の意味ですから，「君は自分をどう思う」という訳にもなりえます．なお，d., e. の応答は不可です．疑問詞を用いた疑問文に対して「はい，いいえ」の応答は成り立ちません．

＊se trouver「〔自分を～と〕思う，感じる」．

3 Vous vous faites à Paris ?

パリにお慣れですか → ええ，少しずつ（徐々に）．

＊se faire à *qch.* = s'habituer「～に慣れる」．

4 En gros, tu ne te souviens pas ?

だいたいのことを覚えてないの → はい，まったく．en gros は「大ざっぱに(言って)，おおまかに」の意味．なお，否定疑問文への応答ですから，d. の oui … の展開は妙です．

5 A quelle heure te lèves-tu ?

君は何時に起きますか → 8時半に．

6 Comment s'appelle-t-elle, déjà ?

ええと，彼女は誰でしたっけ → 氏名が答えですね．

＊文末に置かれた déjà は聞いた内容を繰りかえしたずねる言いまわしで,「ええと,いったい」の意味を表しています.

28 命令法　pp. 60-61

練習問題 1：命令法はもっと早い段階で学習するのが通例なのですが,代名動詞・補語人称代名詞とのからみを無視できないため,本書ではこの課でチェックします.

解答　1 Dépêchons-nous　　2 Téléphone　　3 mange　　4 Asseyez-vous

♥ ポイント解説

1　急ぎましょう,さもないと遅刻ですよ.
＊nous に対する命令文を作ります. sinon は節の冒頭で「さもなければ,そうでなければ」の意味で使われます. なお,会話ではときに〈 -nous 〉の部分を省略して Dépêchons ! という言い方も使われます.

2　電話してください.
＊s'il te plaît ですから,tu に対する命令文を作ります. tu téléphones の活用にこだわると Téléphones と不要な〈 s 〉を書いてしまいかねません.

3　食べすぎないように,さもないと太るよ.
＊sinon は節の冒頭に置かれて「さもないと」の意味で用いられます.

4　どうぞお掛けください.
＊この je vous en prie は「どうぞ(そう)なさってください」と相手に薦める表現. 相手から礼を言われて「どういたしまして」と返事を返す例ではありません.

練習問題 2：補語人称代名詞と命令文を連動させる練習です.

解答

1　**Ne le mangez pas.**
　それを食べないで.

2　**Finissons-les aussitôt que possible.**
　できるだけ早くそれらを終えましょう.

3　**Sois prudent avec lui.**
　彼には用心して.

♥ ポイント解説

肯定命令文では補語人称代名詞の置き位置が通常とは違います．☞ p. 127

なお，3 には注意してください．「前置詞＋人称代名詞（強勢形）」をとらなくてはなりません．× Sois-lui prudent. とはなりません．

練習問題 3：音声を聞きながら，命令法をチェックします．

解答・解説

1　N'ayez pas peur.
　　　怖がらないで（心配無用です）．

2　Ne me dérangez pas.
　　　邪魔しないで．

3　Faisons attention à ne pas prendre froid.
　　　風邪をひかないように注意しよう．

＊faire attention à＋*inf.*「～するように気をつける」．これは，不定詞が否定されていますので「～しないように気をつける」の意味．

4　Prêtez-moi votre dictionnaire, voulez-vous ?
　　　辞書を貸してくださいね．

＊voulez-vous ? は，付加疑問として使われ，命令・願望を緩和する言いまわしとして使われます．

5　Ne va pas me faire croire ça.
　　　そんなことを私に信じさせようとしても無駄だ．

＊" n'aller pas＋*inf.* " で意味を強めています．「間違っても～（させるな）」の含みを表します．

29　副詞　pp. 62-63

練習問題 1：副詞は練習問題の直接の対象とされず，多くの教科書類で特別にスポットライトを浴びない文法ですが，表現の幅を広げるのに不可欠な事項であると考え練習問題にしたてました．

解答（例）・解説

1　**vraiment**　　　　　あなたは本当にそれが必要ですか．
2　**Malheureusement**　残念ながら，忙しいのです．

＊malheureusement = par malheur「不幸にも，折悪しく，残念ながら」．

3 **ensemble**　　　　　　このイタリアレストランで一緒に昼食をとりましょうね．

4 **lentement**　　　　　　（諺）急がばまわれ（慌てず急げ）．

＊ラテン語の諺〈 Festina lente. 〉の仏語訳．Lentement mais sûrement. とふたつ副詞を並べる形もあります．

5 **environ**　　　　　　　彼は約 20 年前から当地に住んでいる．

6 **mal**　　　　　　　　　マルクは日本文学のことをよく知らない．

7 **devant**　　　　　　　お先にどうぞ．

＊Après vous. も同じ意味で使われます．

8 **souvent**　　　　　　　私の兄（弟）はしょっちゅう家にいません．

9 **loin**　　　　　　　　　冬はまもなくです．

＊loin〔副詞〕「(時間) 遠い昔に；ずっと先に」．

10 **vite**　　　　　　　　　青春はたちまち過ぎ去る．

練習問題 2：音声を使った問題をかなりこなしてきました．さて，しっかりと書きとれるようになりましたか．

解答・解説

1 **Vous vous souvenez, de temps en temps,** (de votre premier amour) ?
あなた(方)はときどき初恋のことを思い出しますか．

2 **Les chaises et la table vont mal ensemble.**
椅子とテーブルが合っていません（ちぐはぐだ）．

＊aller ensemble「調和する」．

3 (Durant le cours), **mon professeur se tient toujours contre le tableau.**
授業中，教授はいつも黒板によりかかっている．

＊se tenir＋様態「(ある姿勢・態度を) 保つ」．なお，この contre は接触・接近「～によりかかって；に触れて，近くに」の意味．

4 **Elle va de mieux en mieux.**
彼女（の体調）はだんだん良くなっている．

＊de mieux en mieux「だんだん良く」．

5 **Il ne peut pas toujours répondre** (à vos questions).
いつもあなた(方)の質問に答えられるとは限らない．

＊ne ... pas toujours は部分否定．ne ... toujours pas と並べると「常に～ない」= ne ... jamaisの全体否定に相当します．

30 初級文法編・総復習　pp. 64-65

練習問題 1：疑問詞の復習ですがもう問題ありませんね．

解答

1　Qui allez-vous [vas-tu] chercher à la gare ?
2　A quelle heure se lève-t-elle ?
3　Où habitez-vous ?
4　Avec qui joue-t-il au golf ?
5　Comment allez-vous [vas-tu] à Paris ?

♥ ポイント解説

間違った箇所のある方は **17** 疑問形容詞，**19** 疑問代名詞 ①，**26** 疑問副詞を見直してください．

練習問題 2：準助動詞扱いされる語のチェック．

解答　1 veux　　2 Puis　　3 doit　　4 sais　　5 Faut

♥ ポイント解説

間違った箇所のある方は **22** 準助動詞ならびに **20** 非人称構文の復習をしてください．2 で ✕ Peux-je の倒置形は用いません．

練習問題 3：整序問題は作文の力をつける基礎練習になります．

解答・解説

1　**Ne sortez pas tous les soirs.**
＊否定命令文のチェック．

2　**Il a trois fois plus de livres que vous.**
＊比較に倍数表現が重なった文章．「彼はあなたの3倍蔵書があります」．

3　**Que puis-je faire pour toi ?**
＊疑問代名詞と動詞 pouvoir のチェック．

4　**Permettez-moi de vous présenter M. Dupond.**
＊命令文と補語人称代名詞の確認．

練習問題 4：Q & R の問題ですが，聞きとりの力がいります．やや難の問題です．

解答　a. 3　　b. 2　　c. 5　　d. 4　　e. 1　　f. 6　　g. 7

♥ ポイント解説

音声に録音されている文章を a.〜g. の疑問文と対応させる形で以下説明をしていきます．

1   Oui, avec du sucre.　　　　　　　はい，砂糖を入れて．
   → e.「カフェオレを飲みますか」に対応します．

2   Pas absolument.　　　　　　　　どうしてもという訳ではありません．
   → b.「これをやらなくてはなりませんか」の質問に対応した応答です．なお
      " Absolument pas. " は「全然，まったく」の意味．

3   Au pouce.　　　　　　　　　　　親指です．
   → a.「何処が痛みますか」に対応します．J'ai mal au pouce. のこと

4   Quarante ans environ.　　　　　40 歳ぐらいです．
   → d.「彼（彼女）は何歳だと思う」．donnerは「（年齢を）推定する」の意味．

5   Un peu trop.　　　　　　　　　　かなりね．
   → c.「忙しいですか（仕事がありますか）」に対応．なお，この表現に対して
      × un peu beaucoup とは応じません．

6   Pour éviter la circulation.　　　車の往来を避けるため．
   → f.「なぜ遠回りするのですか」質問への答えです．

7   Un quart d'heure environ.　　　だいたい 15 分．
   → g.「そこにいつからいるの」と時間をたずねる文と対応．

中級文法編

31　直説法複合過去　pp. 68-69

練習問題 1：これまで学習してきた現在形から，過去・未来へと時制の幅が広がっていきます．まずは複合過去の基本をチェックします．

解答・解説

1   **Nous avons fini ce travail.**
    私たちはこの仕事を終えた．

2   **Elles se sont couchées vers minuit.**
    彼女たちは午前0時ごろ寝た．

＊se coucher の〈 se 〉は直接目的語ですので，主語に過去分詞が性・数一致します．

3 Il n'a pas fait froid aujourd'hui.
　　　今日は寒くなかった．
＊" ne + avoir / être の現在 + pas + 過去分詞 " の語順になります．

4 Vous n'avez pas rencontré Paul ce soir ?
　　　あなた（方）は今晩ポールに会わなかったの．
＊否定疑問文．倒置形を使えば N'avez-vous pas rencontré … ? という語順になります．

5 Elle est partie de Narita à six heures du matin.
　　　彼女は午前6時に成田から出発した．
＊partir は往来発着のニュアンスを持つ自動詞．être を助動詞として使い，主語の性・数に過去分詞は一致します．なお，partir de + 場所「〜から出発する」，partir pour + 場所「〜へ（向けて）出発する」の意味です．

練習問題 2：動詞を選びながら複合過去にしていく問題．時制が複合過去だけですからそう混乱はないはずです．助動詞が avoir か être か，過去分詞の性・数一致をするのか否か，ポイントはハッキリしています．

解答・解説

1 Ils ont commencé à discuter sur ces problèmes.
　　　彼らはこれらの問題について議論し始めた．
＊commencer à + *inf.*「〜し始める」を複合過去にします．

2 La voiture s'est arrêtée devant la banque.
　　　車は銀行の前で止まった．
＊s'arrêter「〔乗物が〕停止する；〔人が〕（立ち）止まる」の再帰代名詞は直接目的語ですから，主語と過去分詞が性・数一致します．

3 Marie s'est cassé la jambe hier soir.
　　　マリーが昨晩，脚を折った．
＊la jambe が直接目的語．se casser「自分の〜を折る（傷める）」の〈 se 〉は間接目的語ですので過去分詞の性・数一致は行われません．

4 Votre fille est déjà rentrée de l'école ?
　　　あなたの娘さんはすでに学校から戻りましたか．
＊過去分詞の性・数一致とともに，déjà の位置に注意してください．複合過去の形に副詞が用いられると通例，〈 avoir / être の現在形 + 副詞 + 過去分詞 〉の語順になります．耳で，手でしっかり学習していればこうした語順にとまどうことはなくなりますが……

5　Ils n'ont pas obéi à ces ordres.

　　彼らはそれらの命令（指示）にしたがわなかった．

＊複合過去の否定文です．ne ... pas の置き位置，問題ありませんね．

32　関係代名詞 ①・強調構文　pp. 70-71

練習問題 1：先行詞とともに，後ろに続く文章に欠けている主語・目的語等々を考えて適当な関係代名詞を入れます．パターンをしっかり見抜けばけっして難しい文法ではありません．

解答　1 qui　　2 où　　3 que　　4 dont　　5 dont　　6 que
　　　7 qui　　8 où

♥ ポイント解説

1　彼は海に面したアパルトマンに住んでいます．

＊un appartement (S) donne (V) sur la mer. の展開ですから，主語（主格）の関係代名詞 qui を入れます．2つの文章に分けて考えれば，

　Il demeure dans un appartement. + Cet appartement donne sur la mer.

となります．donner sur [dans, à] ... の形（自動詞）で「〜に面する」の意味になります．

　　ただし，和訳する際に先行詞を意識して，関係詞の節を後置形容詞とばかり考えずに，「彼はアパルトマンに住んでいますが，（それは）海に面しています」と前から後ろに（語順通り）訳す感覚を磨く必要があります．そうでないと Elle a acheté un croissant qu'elle a mangé. を「彼女は食べたクロワッサンを買った」といった珍妙な訳語にしてしまいかねません．前から後ろへという感覚を磨きませんと，関係代名詞を使って自己表現する際にさまざまなとまどいが生じることにもなりかねません．

2　彼が住んでいるアパルトマンはとても快適だ．

＊1 と同じ先行詞ですが，その後の展開が違います．

　L'appartement est très confortable. + Il demeure dans cet appartement.

の展開ですから，dans cet appartement（場所を表す副詞句）を受ける où が適当です．

3　（ここに）私が友人たちに書いた手紙がある．

＊les lettres (O. D.) j(S)'ai écrites (V) ... の展開ですから，que（直接目的語——厳

密には，直接目的補語と呼ばれます）でつなぎます．なお，過去分詞の性・数一致に注意してください．avoir を用いる複合過去でも，直接目的語が過去分詞よりも前に置かれると（このケースでは les lettres の位置が écrit の前にあります），その直接目的語に過去分詞が性・数一致するというルールがあるからです．☞ p. 202

4 （ここに）彼らが必要としている書類がある．

＊3 と形は似ていますが〈 avoir besoin de + 名詞 〉の展開が続いているため，関係代名詞は dont になります．

Voici les documents. + Ils ont besoin de ces documents. の展開です．

5 彼（この人）は小説が良く売れている作家です．

＊関係節の文章が Les romans de cet écrivain se vendent bien. となる理屈ですから，dont でつながれます．なおこの dont は英語の所有格の関係代名詞 *whose* に相当しますが，定冠詞の有無に違いがあります．

例：*I have a friend whose father is a doctor.*

J'ai un ami dont le père est médecin.

英語の *his / her father* をフランス語では〈 son père = le père de cet ami 〉と考えるためです．

6 私が知っている作家を君に紹介しましょう．

＊je connais の直接目的語が que となり先行詞 un écrivain にかかります．

7 彼女はニースに住んでいる作家を知っています．

＊habite à Nice には主語が必要です．主語（主格）を表す関係詞を入れます．

8 私があなたに初めて出会った日のことを思いだしますか．

＊先行詞が「場所・時」を表すケースでは où を使います．

練習問題 2：簡単な問題だと考える方もおありかもしれませんが，関係詞節の適否の理由はおわかりですか．

解答 a. b. d. e. （c. は不可）

♥ ポイント解説

「彼女は（この人は）女優です」につなげる形を探せば，

a. カナダでとても有名な（女優です）．

b. あの映画で女教師の役を演じている（女優です）．

c. このレストランで何度も出会った（女優です）．

＊ただし，この文章は〈 vue 〉と過去分詞を性・数一致させる必要がありますので前提となる文章につなぐことはできません．

d. 父親がベルギーで弁護士をやっている（女優です）．

e. 私たちが一昨日話していた（女優です）．

＊parler de *qn*.「（人について）話す」のパターンで，dont が使われています．

練習問題 3：間違いのあった方はミスがなくなるまで何度も音声を聞きこんで確認してください．この先，さらにレベルアップする書きとりに対応するにはこの時点での地道な練習が不可欠です．Bon courage !

解答・解説

1 Rapportez-moi les livres que je vous ai prêtés.
　　あなた(方)に貸してあった本を持ってきてください．

＊過去分詞 prêté の性・数一致，大丈夫ですね．

2 Allons ensemble dans la forêt où on peut sentir la nature.
　　自然が感じられる森に一緒にでかけよう．

3 J'ai un collègue dont la mémoire est remarquable.
　　記憶力が抜群の同僚がいる．

＊collègue, mémoire の綴り（アクサン）にミスはありませんか．

4 C'est toi qui as tort.
　　間違ってるのは君だ．

＊c'est ... qui の強調構文．人称代名詞は強勢形になります．

5 C'est pour vous voir que je suis venu(e) ici.
　　私がここにやって来たのはあなた(方)に会うためだ．

＊c'est ... que の強調構文．

33 疑問代名詞 ②・関係代名詞 ② pp. 72-73

練習問題 1：名詞の性・数を考えながら適当な疑問代名詞を選びます．

解答　1 Laquelle　　2 Lesquels　　3 Lequel　　4 Auquel

♥ ポイント解説

1 いくつも解決策があります．最も確実なのはどれですか．

＊solution [*n. f.*] を受けるわけですから女性形単数です．

2 彼女は 2 冊本を買いました．どれですか．

＊deux livres と言っていますので，厳密に質問の文章を訳せば「どれとどれ（2 冊を対象にたずねる形）」とたずねる理屈．男性形複数です．

3 この絵のなかのどれがあなたの好みですか．これがいいです．

＊celui-ci＝ce tableau-ci の返答を導く形の疑問代名詞です．

4 君はこのおもちゃをあの子どものなかのどの子にあげたの．

＊donner ce jouet à *qn.* の〈à *qn.*〉を問う形ですので「前置詞＋疑問代名詞」の展開が解答になります．

練習問題 2：関係代名詞の lequel あるいは"前置詞＋関係代名詞"のパターンを扱わない教科書が多々ありますが，それでは不備は免れません．とくにフランス語の文章を読む際に避けられない文法です．レベルとしては，仏検3級～準2級レベルの文法です．

解答・解説

1 (C'est un problème) **auquel je n'ai jamais pensé.**

これはいままで私が一度も考えたことがない問題だ．

＊penser à *qch.*/*qn.*「～のことを考える」から，先行詞が物＝un problème につなげる関係代名詞として auquel が使われる形．なお，je n'ai jamais pensé の否定の語順にミスはありませんね．万一間違えた方がいらしたら **31** 複合過去（⇨ pp. 68-69）の問題に戻ってしっかり見直し．

2 **La femme avec qui il danse** (est avocat).

彼が一緒に踊っている女性は弁護士です．

＊avec qui の語順，大丈夫ですね．先行詞は人です．なお，avocat の女性形には avocate，femme avocat の形も使われますが，一般には女性でも男性形を使うことが多い単語です．ちなみに，女性弁護士を男性形で表すことができるという単語の特性を生かした推理小説があります（『殺人交叉点』：創元推理文庫）．

3 (Les gens) **chez qui il demeure** (ne sont pas français).

彼が住んでいる家の人たちはフランス人ではない．

＊問題の文章を2つにわけて説明すれば，Les gens ne sont pas français. ＋ Il demeure chez eux (＝les gens). となっている形です．なお，この文章を desquels を使って，いささか複雑な展開で言い換えることも可能です．Les gens dans la maison desquels il demeure ne sont pas français. ただし，この形を使うフランス人は稀だと思われます．

4 (Ceux) **à qui je pose des questions** (ne répondent pas).

私が質問している人びとは返答しない．

＊"指示代名詞 ceux＋関係代名詞"は「～する人（びと）」の意味．

5 (J'ignore encore) **la raison pour laquelle il veut déménager aussitôt que**

possible.
　私には彼ができるだけ早く引っ越しをしたい理由がまだわからない．
* il veut déménager pour cette raison.「彼はその理由で引っ越ししたい」という文章をベースに先行詞 la raison を pour ＋関係代名詞以下が修飾している形．aussitôt que possible「できるだけ早く」の意味．

練習問題 3：この課で学習した関係代名詞のマトメですが，しっかり形が理解できていないと混乱します．

解答　1 1.　　2 4.　　3 3.　　4 5.　　5 2.

♥ ポイント解説

先行詞が人か物かの別をまず考える必要があります．

1　彼が話しかけている女性はなんという名前ですか．
* parler à *qn.*「～に話しかける」．先行詞は人です．

2　これから乗りこむ車はルノーです．
* monter dans la voiture「車に乗り込む」(monter en voiture「車に乗る」よりも"車のなかに"というニュアンスが明瞭) から dans laquelle を導きます．

3　これは私がそれとなく話してあった車です．
* faire allusion à *qch./ qn.*「～をほのめかす」という成句から答えを導きます．先行詞は voiture ですから à qui とはなりません．

4　何人もの負傷者のなかにあなたの友人がいる．
* 先行詞は人でも "parmi（前置詞）＋ qui" という形は不可．

5　恩を受けた人たちのことも考えなければならない．
* avoir des obligations envers *qn.*「人に（対して）恩義を受ける」から答えを導きます．ただし，obligation を「恩・恩義」とするのは少々古い表現です．

34　直説法半過去（vs 複合過去）　pp. 74-75

練習問題 1：複合過去と半過去の区別はなかなかやっかいな問題です．前者を「～した」，後者を「～していた」と和訳から考えるだけでは混乱が生じます．しっかり用法・意味を考えながら解答してください．

解答　1 **lisais / est entrée**　　2 **a neigé**　　3 **me promenais**
　　　　4 **s'est lavé**　　5 **était / mangeait**

♥ ポイント解説

1 「新聞を読んでいた」"線の行為"に対して,「入ってきた」"点の行為"の対照を半過去と複合過去(主語に過去分詞が性・数一致)で表現.

2 英語なら現在完了(経験)のニュアンスに相当する表現. フランス語では複合過去を用います. 英語の現在完了との対比をフランス語の時制に置き換えますと,下記のような関係がなりたちます. なお,英語とフランス語の異同を理解しながらフランス語を学習するために, 拙著『英語がわかればフランス語はできる!』(駿河台出版社)を書き下ろしています. ちなみに以下の対象表はその p.93 から引いたものです.

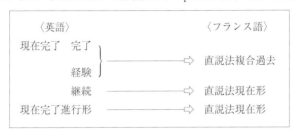

3 過去の習慣を表す半過去が使われます.

4 複合過去です. ただし, se laver les mains「手を洗う」の再帰代名詞は間接目的語ですから, 過去分詞の性・数一致はしません.

5 「学生のころ」(背景となる過去の状況)も「食事をした」(過去の習慣・反復的動作)も半過去で表されます.

練習問題 2:かなり難しい聞きとりですが, 何度も音声を聞いて意味を考えながら, 書きとってください. このレベルに対応できればフランス語の力も本物に近づきつつあります. なお, 間違えの多かった方は再度チャレンジしてください.

解答・解説

1 Elle est sortie parce qu'elle voulait se promener.

彼女は散歩したかったので外出した.

*parce que は理由を表す従属節.

2 De paresseux qu'il était, il est devenu travailleur.

彼は不精者だったが, 働き者になった.

*かつては怠け者だった(過去の状態)vs 今は働き者になった(現在の状態)という対比になっています. なお文頭に置かれた"de+形容詞"の形は出発点(起点)を表しています. つまり「(かつて → 出発点)彼は不精だったが, (その後)働き者に

なった」という含意です．中・上級用の文法書として定評のある朝倉季雄著『フランス文法事典』(白水社)には下記の例文が載っています．

A ces mots, il devint tout bleu, de rouge qu'il avait été.
「この言葉を聞くと，彼は赤い顔をしていたのだが，まっさおになった」

3　Vous est-il déjà arrivé d'être en retard ?
あなた(方)はこれまで遅刻したことはありましたか．

＊この il は非人称主語．過去の経験をたずねる複合過去．

4　Je lui ai téléphoné à tout hasard mais elle n'était pas dans son bureau.
私は彼女にたまたま電話をしたが，会社にいなかった．

＊複合過去と半過去の対比に注意．

35　直説法大過去　pp. 76-77

練習問題 1：時制の幅がどんどん広がっていきます．1 歩 1 歩，着実に階段を登りましょう．

解答(例)・解説

1　**avait fini**　　＊過去完了(仕事は完了した)の意味で大過去を使います．
　仕事を終えると，彼はちょっとコーヒーを飲むのが習慣だった．

2　**travaillait**　　＊過去の状態を表す半過去．
　若いころ，彼女はカフェで働いていた．

3　**a manqué**　　＊manquer + (de) + *inf.*「危うく〜する」の複合過去．
　彼女は危うく溺れそうになった．

4　**avais donnés**　　＊大過去とともに過去分詞の性・数の一致に注意．
　私があなた(方)に出してあった宿題は終わりましたか．

5　**est partie**　　＊過去の出来事をひとつながりにして(時間的順序にそって)
　述べる流れですから，大過去(完了した行為)にはなりません．同時制で展開．
　姉(妹)がでかけたとき，鞄を忘れていった．

練習問題 2：今後音声を用いる書きとり問題が曲がりなりにも解答できれば，フランス語の〈拡聴力〉はかなりのものです(超準 2 級レベル)．

解答・解説

1 (C'était il y a trois ans.) **Nous avions réussi nos examens, alors nous sommes parti(e)s en vacances.**
　3 年前のことだ．私たちは試験に受かり，それでヴァカンスにでかけた．

＊冒頭の文章で，時間の基準点が過去（3年前）であることがわかります．その時間基準に沿って，「試験に合格」（過去の過去）→「ヴァカンスにでかける」（過去）という流れをとらえます．

2 La nuit était tombée quand elle est revenue chez elle après sa dure journée de travail.

　　　1日の辛い仕事を終えて彼女が家に戻ると，夜はすっかり暮れていた．

＊「夜のとばりは降りていた」（背景となる時間：過去完了）に対して，「家に戻った」（過去の行為：複合過去）の組みあわせ．

36　直説法単純未来・直説法前未来　　pp. 78-79

練習問題 1：「未来」といわゆる「未来完了（前未来）」の違いを和訳でつかまえることができれば，それほどの難問ではありません．ただし単純未来の活用（さまざまな語幹）に慣れてないと解答はおぼつきません．動詞活用は動詞活用表などでしっかりチェックしてください．

解答

1　**aurai fini / dans une heure**
2　**ferez**
3　**partirai / le mois prochain**
4　**auront lieu / après-demain**
5　**viendront / la semaine prochaine**

♥ ポイント解説

1　「1時間後」dans une heure（dans は「これから〜後」の意味）とありますので，未来の時点での完了「書き終える」finir の前未来になります．
2　2人称主語で単純未来の形で命令を表す用法．☞ p. 165
3〜5 は未来に実現されるはずの行為を表す単純未来になります．

練習問題 2：意味を考えながら，動詞の活用に注意して並べかえます．

解答

1　Tu pourras devenir avocat, si tu travailles bien.
　　　しっかり勉強すれば，弁護士になれるよ．

2 J'achèterai une robe pour le mariage de mon ami.
   友人の結婚式用にドレスを買います．

＊acheter のアクセントに注意．

3 Vous me donnerez un coup de téléphone ce soir.
   今晩電話をください．

＊2人称主語の単純未来形で命令・依頼を表します．☞ p. 165

4 On ne pourra pas aller vous voir demain.
   明日あなたに会いに行けません．

♥ ポイント解説

動詞活用・語順などにミスの目立った方は少し時間を置いて再度見直しをしてください．

37 受動態　pp. 80-81

練習問題 1：態の基本チェック．なお，フランス語では通常，間接目的語を受け身の主語にすることはできません．☞ p. 169

解答・解説

1 Mme Durand sera nommée Ministre des Affaires Etrangères.
   デュラン女史は外務大臣に任命されるだろう．

＊能動態の主語が on ですので動作主を示す必要はありません．

2 Elle est tellement charmante qu'elle est aimée de tout le monde.
   彼女はとても魅力的なので皆に愛されている．

＊tellement … que の構文．受け身の動作主は de で表します．

3 Par qui ce paquet vous a-t-il été envoyé ?
   この小包は誰からあなたに送られたのですか．

＊vous を受動態の主語にはしません．par qui で始まる疑問文，補語人称代名詞の置き位置など語順を間違えずに書けましたか．

4 On a fermé ce magasin à cause d'une panne d'électricité.
   電気の故障（停電）であの店は閉まっていた．

＊能動態にする問題．主語には on を用います．

5 Elle est bien connue du public.
   彼女は世間によく知られている．

＊副詞 bien の置き位置に注意. 〈être 活用＋副詞＋過去分詞〉の語順が通例です.

練習問題 2：かなりレベルの高い聞きとり問題.

解答・解説

1　Les guichets sont fermés de midi à treize heures trente.
　　　窓口は昼から1時30分まで閉まっている.

＊受け身ではなく, 状態を表している形と理解されます. ☞ p. 169
　なお, いわゆる 24 進法の表記で, 13 時 30 分（午後1時半）を表す際に treize heures et demie という言い方はしません. ☞ p. 107

2　L'intelligence est caractérisée par une incompréhension (naturelle de la vie).　知性は生命について本来理解できないのが特徴だ（ベルクソン）.

＊être caractérisé par「〜によって特徴づけられる」, incompréhension naturelle とは「本来的無理解」つまり, 本来理解できないことの意味.

3　Ce bâtiment a-t-il été construit en béton ?
　　　この建物はコンクリートで造られたのですか.

＊前置詞 en は材料を表しています.

4　En général, cela ne se dit plus.
　　　普通, もうそんな言い方はしません.

＊代名動詞が受け身のニュアンスを表す受動用法です. ☞ p. 232

38　現在分詞・ジェロンディフ　　pp. 82-83

練習問題 1：節を句に書き換える問題です.

解答

1　(J'ai perdu un sac) **contenant toutes mes affaires.**
2　**Ayant trop mangé,** (elle avait mal à l'estomac).
3　**N'ayant pas travaillé,** (il a échoué à son examen).
4　**Son petit ami [étant] parti,** (elle est très triste).

♥ ポイント解説

1　身のまわりの品がすべて入れてある鞄をなくした.

＊この問題は関係代名詞で書かれた節を現在分詞（形容詞句）に置き換える問題ですが, どんな文でも機械的に書き換えられると考えるのは危険です. たとえば「動

作」を表すケース（例：un ami qui danse avec Paul ポールと踊っている友だち）では，一般に，現在分詞よりも関係代名詞の節が好まれます．この点を踏まえて上記の問題は「状態」を表している内容にしてあります．

2 彼女は食べすぎたので胃が痛かった．

＊従属節（分詞）が「理由」を表している例．「理由」を表す場合には通常，ジェロンディフは使いません．以下，同様． ☞ p. 173

3 彼は勉強しなかったので，試験に落ちた．

＊2, 3 ともに分詞の複合形〈 avoir / être の現在分詞 + 過去分詞 〉の形．

4 恋人が行ってしまったので，彼女はとても悲しい．

＊主節の主語 elle と現在分詞の主語 son ami が違う，いわゆる絶対分詞構文の形です．絶対分詞構文は従属節，主節の語順が通例です．なおこの étant（現在分詞）は後ろに過去分詞があるので省略可能です． ☞ p. 171

練習問題 2：ジェロンディフ・現在分詞を使う整序問題．

解答・解説

1 Il regarde la télévision en préparant sa leçon.
  彼は予習（授業の準備）をしながらテレビを見ている．

＊ジェロンディフが同時性を表している例．

2 Tout en sachant la vérité, (il n'a rien dit).
  真実を知っているのに，彼は何も言わなかった．

＊" tout + ジェロンディフ " の形は同時性や対立を強調します．

3 Ses parents étant satisfaits, (il est satisfait aussi).
  両親が満足しているので，彼も満足だ．

＊絶対分詞構文（従属節と主節の主語が異なる展開）．ジェロンディフでは通常用いられない用法です．なお, être, avoir といった動詞は本来ジェロンディフにはなじまない動詞です．

練習問題 3：けっして難しい聞きとりではありません．しっかり音声を聞いて，書きとってください．

解答・解説

1 (Un homme) **ayant très faim peut manger n'importe quoi.**
  ひどく空腹の人はなんでも食べられる．

＊Un homme qui a très faim … と書き換えられる現在分詞の形容詞用法．n'importe quoi「なんでも」の意味． ☞ p. 247

2 En roulant trop vite, vous pouvez provoquer un accident.

そんなに急いで運転すると事故を起こしかねない.

* ジェロンディフが条件を表しています．roulant, provoquer といった語をしっかり書きとれましたか．

39 条件法現在・過去   pp. 84-85

練習問題 1：条件法の活用をしっかりと記憶しましょう．

解答　1 sortirai　　2 rendrais　　3 serais　　4 aurait compris
　　　　5 dirais　　　6 feriez　　　7 allait

♥ ポイント解説

1　明日晴れたら，マリーと外出します．

* これは現在の事実や過去の事実に反する仮定（条件法）ではありません．したがって，主節は単純未来になります．

2　私がいま京都にいれば，私はもちろんあなたを訪問するのに．

* 現在の事実に反する仮定ですから条件法現在．

3　彼が私を助けてくれていたら，いまもっと金持ちだろうに．

* 従属節（過去の事実に対する仮定）と主節（現在の事実に対する仮定）の時間差に注目してください．☞ p. 228

4　君がもっとゆっくり話をしたら，彼はわかったろうに．

* 過去の事実に反する，"Si +直説法大過去，条件法過去" の形．

5　あなたの立場なら，私はそれをそんな風に言わないだろうに．

*「そんな風には言わなかったのに」je n'aurais pas dit ça comme ça とすることも可能ですが，空所に入りません．

6　もしあなたが金持ちならあなたはなにをしますか．

* あくまで現在の事実に反する仮定ですから，条件法現在になります．

7　この近くのカフェに行きませんか．

* "Si +直説法半過去" で勧誘を表している例．☞ p. 177

練習問題 2：不明な箇所があってもあきらめないで，何度も何度も音声を聞いてください．拡聴力を養成するためにはその努力が不可欠．

解答解説

1　Vous n'auriez pas dû lui donner votre lettre.

　　彼に手紙を渡すべきではなかったのに.

＊反語のニュアンスを表している条件法過去.

2　Le nez de Cléopâtre : s'il avait été plus court, toute la face de la terre aurait changé.

　　クレオパトラの鼻. もしそれがもっと低かったら地球の全表面は変わっていただろう.

＊パスカルのあまりにも有名な言葉. ただし, もともとは, s'il eut été plus court, と条件法過去第2形が使われていますが, 同意の条件法過去での書きとりに変更しました. ☞ p. 228

3　Sans les rideaux blancs des fenêtres, on aurait cru l'endroit inhabité.

　　窓の白いカーテンがなかったら人の住んでいない場所と思われただろう.

＊19世紀の小説家アラン＝フルニエから引用しました. この sans 以下は〈 s'il n'y avait pas eu les rideaux blancs des fenêtres 〉と書き換えられます.

40　中性代名詞・所有代名詞　pp. 86-87

練習問題 1：中性代名詞になじんで表現の幅を広げましょう.

解答　1 1.　2 3.　3 4.　4 1.　5 4.　6 3.　7 1.

♥ ポイント解説

1　前文の de sa voiture を受けますから en.

2　前文中の形容詞を受けています. 形容詞は女性形複数になっていますが中性代名詞に性は関係ありません. le で受けます.

3　代名詞を使わなければ Non, je ne suis jamais allé(e) à Dijon. となるわけですから, à Dijon = y となります.

4　beaucoup de dictionnaires の de dictionnaires を受ける en です.

5　obéir à ce règlement で, 間接目的語を代名詞に置き換えます.

6　「私は教師になりたいし, 教師になるだろう」の je deviendrai professeur の属詞を受けるわけですから……

7　être fier [fière] de *qch*.「～を自慢する」の de *qch*. を受けます.

練習問題 2: そろそろ聞きとり問題にも対処できるようになりましたか．「話し」「読み」「書き」「聞く」のなかで「聞く」ことが一番難しいことです．なぜなら相手がどんな対応をするか，どんな表現を用いるのか（話者のレベルを考えて話してくれるとは限りません）事前に予測できないからです．ちなみに「話し」「書く」ことは，自分の実力以上のものをだすことはできませんから，そのレベルにこだわらなければ簡単 ?!

解答・解説

1 Mets-toi là et restes-y.

そこへ行って，〔そこで〕じっとしていて．

*2人称単数の命令形は reste ですが〈y〉が後ろに来る場合には〈s〉が必要です．音声からこの綴り，展開を理解できましたか． ☞ p. 179

2 C'est le goût de mon mari, le mien est différent.

それは夫の趣味で，私の趣味とは違う．

*le mien = mon goût.

3 Il est plus honteux de se défier des amis que d'en être trompé.

友人に裏切られるより疑うほうが恥ずかしい．

*17世紀のモラリスト，ラ・ロシュフーコーの言葉を改作したもの．d'en が dans になったりしていませんか．d'en être trompé は d'etre trompé des amis のこと．ただし現在なら d'être trompé par ses amis (par eux) になるのが通例です．なお，se défier de …「～を疑う」も少々古い言いまわし．

41 不定形容詞・不定代名詞　pp. 88-89

練習問題 1: 不定形容詞・不定代名詞はなかなか手ごわい文法です．

解答　1 **8.**　2 **2.**　3 **4.**　4 **7.**　5 **6.**　6 **5.**　7 **9.**

♥ ポイント解説

1 君に電話です．

*直訳は「誰かが君を電話で呼んでいる」となります．On te demande au téléphone. と同じです

2 それはなんら重要ではない．

*" ne ... aucun(e) + 名詞（単数）"「何の～もない」．

3 それはかなりの辛抱が必要だ．

*" un(e) certain(e) + 名詞（単数）"「ある～，かなりの～」の意味．

4 彼女はここから少しの場所に住んでいる．
＊単数で「ある，なんらかの」．3とは冠詞の有無が違います．

5 歳月人を待たず（潮は誰も待たない）．
＊ne ... personne「誰も〜ない」．なお，この諺は Le temps file [fuit]. / Le temps s'envole. などとも表現されますし，主語 La marée の代わりに Le temps を置き，Le temps n'attend personne. と表記するケースもあります．

6 めいめいがまず自分のことを考える．
＊chacun は肯定文で用います（否定文では personne）を用います．なお，人称代名詞の強勢形には soi を．

7 今日はなにもすることがない．
＊ne ... rien à + *inf.* の形で「なにも〜すべきことはない」の意味．なお，rien à faire は「どうするすべもない；（否定を強調して）とんでもない」の成句になります．

練習問題 2：このレベルを最小のミスで書きとれていればかなりの実力．ミスの目立った方はかならず見直しをしてください．

解答・解説

1 **C'est une femme qui ne se refuse aucune des joies de l'existence.**
彼女は生きる喜びをなにひとつ拒まない女性だ．
＊"ne ... aucun(e) de + 可算名詞" で「〜のうちひとつ（一人）も〜ない」の意味．

2 **On fera exactement comme l'année dernière, sans rien changer.**
昨年どおりまったく変更なしでやります．
＊sans rien + *inf.*「なにも〜なしで」の言いまわし．

3 **Certains professeurs disent le contraire.**
ある教師は反対のことを言っている．
＊disent をしっかり聞きとり主語を複数で書くのがポイント（文法力がないと単数ですませてしまいかねません）．なお，"certain(e)s + 複数名詞" は "quelques + 複数名詞" と同意．

42 接続法現在・過去　pp. 90-91

練習問題 1：接続法が使われる例（使われない例）をチェック．

解答　1 c.　　2 d.　　3 e.　　4 a.　　5 b.

♥ ポイント解説

1 彼女が亡くなって私はとても悲しい.

*triste「悲しい」が感情を表す形容詞ですから,que の節には接続法が使われます.なお,il est triste de + *inf.* / que + S + 接続法「〜は嘆かわしい,〜は残念なことだ」の非人称構文でも使われます.

2 彼女はとても年をとっているにもかかわらずまだ仕事をしている.

*" bien que + 接続法 "の副詞節をつなぎます. ☞ p. 205

3 彼女は明日出発しなければならない.

*" il faut que + 接続法 "「〜しなければならない」で意味がつながる文章を選びます.

4 彼女は正しいと私は思う.

*" il semble que " なら通例,接続法が続きますが " il me semble que " には直説法を用います.

5 あの人は彼女を説得できる唯一の友だちだ.

*" le seul + 名詞 + qui ... " の形容詞節には接続法が使われます.

(練習問題 2):接続法現在・過去の活用をチェック.

解答　**1 puissent**　　**2 vive**　　**3 ait visité**
　　　4 sache　　**5 aies réussi**

♥ ポイント解説

文意を考えながら動詞を選び,接続法での展開をしっかり確認しましょう.

1 彼らがフランス語を話せるか疑わしい.

*〈il doute que + 接続法〉「〜であることは疑わしい」.

2 あなた(方)のように生きている(暮らしている)人は誰もいない.

*personne に導かれる修飾節の動詞は接続法.

3 これは彼女がこれまで訪れたなかで最も綺麗な城だ.

*「これまで訪れたなかで」の意味ですから,接続法過去にします.

4 彼は泳げるのに,泳がない.

*quoique + 接続法「〜にもかかわらず」(譲歩)の意味.この文に pouvoir は適当でけありません. ☞ p. 252

5 君が試験に合格したので嬉しい.

*「試験に受かったので」の部分は接続法過去にしないと時間の流れが歪んでしまいます.

練習問題 3：単語はけっして難しくありませんので，しっかり聞きとれれば書きとれるはずです．

解答

1　Il ne s'en est pas fallu de beaucoup que tu te fasses écraser par ce camion.　もう少しであのトラックに轢かれるところだったな．

＊〈 ne pas s'en falloir de beaucoup que＋接続法 〉＝〈 s'en falloir de peu que＋接続法 〉「もう少しで～になるところだ」の成句．

2　Il agit sans que personne ne lui dise comment faire.
　　　　彼は誰からもこうしろと言われなくても行動する．

＊" sans que＋接続法 "「(たとえ) ～しなくても」．

43　話法・時制照応　pp. 92-93

練習問題 1：話法がしっかり理解できることはフランス語の時制の広がり・考え方を正確に把握することにつながります．

解答

1　**Il m'a demandé si j'avais déjà fini mon travail.**
2　**Il m'a dit que j'étais méchante avec lui ce jour-là.**
3　**Elle m'a dit d'être courageux.**
4　**Elle m'a demandé à qui je pensais.**
5　**Elle m'a demandé ce que ma mère cherchait.**

♥ ポイント解説

接続詞，時制，人称，時間・場所などを確実に適当な形に変えていきます．本来，機械的な操作ですのでけっして難しい文法ではありません．ゆっくり着実にこなす練習をしてください．なお，5 は ce que cherchait ma mère と主語と動詞を倒置した語順でも解答になります．

練習問題 2：整序問題で話法の流れをしっかり身につけましょう．

解答・解説

1　(On) ne sait pas ce qu'il est devenu.

＊「彼がどうなったのかわからない」の意味．Qu'est-ce qu'il est devenu ? が直接の疑問文．

2 (Elle m'a demandé) **par quel moyen j'avais gagné ma vie.**
＊「どうやって（どんな方法で）生計を立てていたのかと彼女は私にたずねた」の意味．gagner sa vie で「生計を立てる」．

3 (Elle me dit) **d'envoyer cette enveloppe par la poste le plus tôt possible.**
＊「彼女は私にできるだけ早くこの封筒を郵便で送るように言った」の意味になります．de + *inf.* は命令文に相当する間接話法です．

4 (Il m'a assuré(e)) **qu'il aurait tout terminé avant mon arrivée.**
＊「彼は私に私が到着する前にすべて完了したと断じた」．tout の置き位置に注意．

44 感覚・使役動詞／比較表現補足　pp. 94-95

練習問題 1：faire, laisser ならびに感覚動詞をチェックします．

解答例

1 その教師は生徒たちの誤りを指摘した．
2 女性たちが隣の部屋で話しているのが聞こえますか．
3 先生は彼らを勉強させ，一方，父親は彼らを遊ぶにまかせる．

♥ ポイント解説

1 faire remarquer (à *qn.*) *qch.* [que + 直説法]「(～に)…について注意をうながす，指摘する」の成句．
2 〈感覚動詞 entendre + 直接目的語 + *inf.*〉の構文．☞ p. 200
3 faire による使役と laisser による放任の対比．☞ p. 225

練習問題 2：音をしっかり聞きとり，書きとります．

解答・解説

1 **L'examen a été plus difficile que je ne le pensais.**
　試験は私が思っていたより難しかった．
＊"A は B より…"といった比較パターンもさることながら，「自分が思っていたより」とか「実際よりも」といったニュアンスを持つ比較表現も大切です．なお，ここで使われている〈ne〉は虚辞です．☞ p. 201, p. 203

2 **Il est dommage de te voir t'en aller de si bonne heure.**
　君がこんなに早く行ってしまうのをみるのは残念だ．
＊〈voir + 直接目的語 + *inf.* (s'en aller)〉の形．補語人称代名詞の置き位置，ならびに代名動詞の活用に注意．de bonne heure「早く」の成句．

3　Plus je réfléchis à sa conduite, moins je comprends cette fille.

　　彼女の行動について考えれば考えるほど，ますますその少女のことがわからなくなる．

＊Plus＋S＋V…, moins＋S＋V… の相関句．

4　La passion fait souvent un fou du plus habile homme, et rend souvent les plus sots habiles.

　　情熱のためにしばしば最も有能な人が愚か者となり，最も愚かな人たちがしばしば有能な者となる．

＊17 世紀のモラリスト（皮肉屋？），ラ・ロシュフーコーの言葉．最上級とともに，faire A de B「B を A にする，変える」，rendre＋O.D.＋A 「～を…にする」（6 文型）に注意．

45　中級文法編・総復習　pp. 96-97

練習問題 1：簡単な動詞活用のマトメ．仏検 3 級レベルの典型的な設問．

解答　1 Passe　　2 travailliez　　3 allait　　4 faisais　　5 rentrerai

♥ ポイント解説

前後の文脈をしっかり見極めて，適当な法・時制に活用します．ミスのあった方は当該の法・時制を見直してください．

1　依頼のニュアンスを持つ命令文．相手は「君の（万年筆）はもう使えないの」と聞きかえしています．

2　〈 Je veux que＋接続法 〉は基本パターン．腹を立てている理由を「もっと働いてほしい」という願望で返答しています．

3　〈 Si＋直説法半過去 〉で勧誘を表します．☞ p. 177

4　「あの頃何をしていたの」と過去の職業・仕事をたずねる文章．

5　「勉強が終わったら（卒業したら）何をするの」と相手の未来の抱負を打診していますから，返答も未来で応じます．

練習問題 2：多様な文法をチェックします．

解答　1 4.　　2 5.　　3 3.　　4 2.　　5 2.

♥ ポイント解説

1　関係代名詞のチェック．先行詞は un ami d'enfance「人」ですから，" 前置詞＋

qui " の形が解答になります．「一緒に柔道をやった幼年期の友（竹馬の友）」とします．なお avec lequel ならここに入れることは可能です（un ami が先行詞であることを明示する用法）．

2　「ドアに鍵をかけなさい」という内容を受けて，penser à cela の à cela「その事」を中性代名詞で受けます．

3　「他人の悪口を言う人は好きではない」の意味にします．指示代名詞で「人」を表す表現．qui disent と動詞が3人称複数の活用をしている点を考慮して答えを導きます．

4　「留守中に誰か来た」とたずねますので，不定代名詞 quelqu'un で文意が通じます．

5　前後の文脈から「疲れているのに（にもかかわらず）」と譲歩のニュアンスを導く接続詞を入れます．

練習問題 3：総合的な文法力をチェックするのに正誤問題は有効．

解答・解説

1　× n'est toujours pas → ○ **n'est pas toujours**
＊toujours の置き位置によって文意が変わります．「近道がかならずしも最も安易というわけではない」とするには，部分否定の表現にしなくてはなりません．このままでは「常に最も安易でない」という全体否定になってしまい内容にそぐわない文意となってしまいます．

2　× arrêté → ○ **arrêtée**
＊受動態は主語に過去分詞が性・数一致しなくてはなりません．「ジャンヌは警察に逮捕されるだろう」．

3　× siens → ○ **les siens**
＊このままでは文意が通じません．定冠詞が必要です．ただし，2通りの解釈が可能です．les siens が所有代名詞で「彼の持っているなんらかの名詞（男性複数）」（ただし，具体的に何を指しているかはこの文章だけでは不明）を受けていると考えれば「私の友人は約2年前に自分のもの（それら）をなくした」となります．また，sien を男性名詞と考え les siens＝「彼の家族（仲間）」と見なせば「私の友人は約2年前に家族（親類）を亡くした」の意味になります．いずれにせよ定冠詞が必要です．

4　○
＊「彼は他に方法がみつからなかったので，この方法を選んだ」に間違いはありません．正しい文章です．

5　× qui sait → ○ **qui sache**

＊「英語を話せる秘書を探している」の文意にするには接続法を使わなくてはなりません．該当する秘書がいるかいないか不明だからです．☞ p. 233

6　× pris → ○ **prises**

＊この文章の直接目的語は photos です．複合過去で〈 avoir の活用＋過去分詞 〉の形で直接目的語が過去分詞より前に置かれたときには，過去分詞を直接目的語の性・数に一致させなくてはなりませんでした．☞ p. 202

7　× ses yeux → ○ **les yeux**

＊これは盲点になりやすい文法．「彼女は音楽を聞きながら目を閉じていた」という文章で fermer les yeux と定冠詞を使います．身体部が他動詞の直接目的語になっている場合，特に強調しないかぎり所有代名詞は用いません．英語の *She colses her eyes.* とは考え方に違いがあります．☞ p. 217

8　× a → ○ **aurait**

＊〈 au cas où＋条件法 〉で「～の場合には，もし～ならば」の意味を表します．「もしゴキブリがでたら箒を手にとって」の意味にします．ただし，ゴキブリが箒でどうにかなるものかどうかは……？　☞ p. 205

練習問題 4：最後の聞きとり問題です．これは優に仏検2級レベルに相当します．今後の飛躍のための練習と考えてチャレンジしてください．なお，再度の拙著の宣伝で恐縮ですが，さらなる「拡聴力」（書く聴力）を養成したい方には，仏検1級レベルまで対応した『[新版] フランス語〈拡聴力〉』（駿河台出版社）を推薦いたします．

解答・解説

1　**L'appétit vient en mangeant et la soif s'en va en buvant.**

　　食欲は食べながら起こり，渇きは飲んでいて消え去る．

＊出典はラブレーの『ガルガンチュア物語』（第1之書第5章）より．「～しながら」（同時性）を表すジェロンディフで構成された文章です．通例，主節の主語とジェロンディフの主語は同じでなくてはならないのですが，このケースでは「人は食べながら食欲が起こり……」という意味で両者の主語が違っています．しかし，文脈上，この主語は明瞭ですので（ジェロンディフの主語が一般的な人" on "を指しているとわかるため）ジェロンディフを使った展開が可能です．

2　**Qu'est-ce qu'un esprit cultivé ?　C'est celui qui peut regarder d'un grand nombre de points de vue.**

　　教養のある人とはなんであるか．それは多くの視点から物を見つめることができる人のことだ．

* 『日記』で知られるアミエルの言葉.指示代名詞 celui は人を表しています.points de vue の〈 s 〉を書き落していませんか.

さまざまな現象を見つめる複眼,これを今後のフランス語学習にも生かしていただければ......そう願って最後の聞きとり問題としました.

---

20 の必須文法・語法を確認するための仏作文

§1 冠詞　p. 100

001 **Donnez-moi *un* verre** d'eau, s'il vous plaît.
　＊不定冠詞の例.

002 Ma mère n'aime pas **le café noir**.
　＊総称を表す定冠詞:通常,可算名詞には定冠詞複数を,不可算名詞には定冠詞単数を用います.

003 Ma grand-mère **prenait *du* thé au lait** tous les matins.
　＊部分冠詞は数えられない名詞(物質名詞・抽象名詞・集合名詞)に使われます.

004 N'y a-t-il plus *de* **vin dans la bouteille** ?
　＊直接目的語に冠された不定冠詞・部分冠詞は否定文中で de になります.

005 Mon oncle **a *de* grandes villas** près d'ici.
　＊〈 des +形容詞複数+複数名詞 〉の語順のときには冠詞は de になります.

§2 名詞・形容詞の複数/女性形　p. 100

006 Il **a les cheveux *gris***.
　＊cheveu の複数 gris の複数(不変化)に注意.

007 Je suis *heureux(se)* **qu'elle aille mieux**.
　＊heureux(se) の形容詞に注意. heureux(se) que +〔接続法〕,aller mieux「快方に向かう」.

008 Il y a **un *bel* oiseau dans l'arbre**.
　　＊beau の男性形第 2 形に注意．なお，鳥が複数なら de beaux oiseaux となります．
　　→ 005
009 Cet enfant **portait un habit *neuf***.
　　＊「新品の」neuf と「初めて出現した・これまでになかった」nouveau は「新しさ」
　　に違いがあります．

---

§ 3　指示形容詞・指示代名詞　　p. 101

---

010 On parle **maintenant de *cet* accident de train**.
　　＊accident（母音で始まる男性名詞）の前に置かれた指示形容詞．
011 Le problème qui m'intéresse, c'est ***celui* de mon avenir**.
　　＊c'est は前文を受け，celui は le problème を受ける指示代名詞．
012 ***Ce* qui n'est pas clair** n'est pas français.
　　＊関係代名詞の先行詞として使われた ce（指示代名詞）．Rivarol の夙に知られた
　　言葉です．

---

§ 4　所有形容詞・所有代名詞　　p. 101

---

013 ***Son* grand-père et *sa* grand-mère sont trop vieux pour** voyager seuls.
　　＊「彼の・彼女の」の違い（英語の *his* / *her* の別）はフランス語にはありません．
　　« trop … pour + *inf.* »「～するにはあまりに …；… すぎて～できない」の相
　　関句．
014 ― C'est ***votre* parapluie** ?　　― Oui, **c'est *le mien***.
　　＊所有代名詞は既に話題になっている名詞の所有者を明示するために使われます．
　　le mien = mon parapluie
015 Les pauvres ont ***leurs* peines** et les riches ont aussi ***les leurs***.
　　＊所有形容詞と所有代名詞の使い分けに注意．les leurs = leurs peines

§5 疑問形容詞・疑問代名詞　p. 102

016 *Quel* est **votre numéro de téléphone portable** ?
　＊疑問形容詞は名詞の性・数によって形が変化します．

017 *Qui* **attendez-vous** ? / *Qui est-ce que* **vous attendez** ? / **Vous attendez** *qui* ?
　＊直接目的語（物）をたずねるパターン．語順は上記の3つの形が可能．

018 *De quoi* as-tu besoin ? / *De quoi* est-ce que tu as besoin ? /
　Tu as besoin *de quoi* ?
　＊「前置詞＋疑問詞」で物をたずねる形．

019 *Lequel* **de ces films** préférez-vous ?
　＊選択を問う疑問詞で人にも物にも用いられます．

§6 疑問副詞　p. 102

020 *Quand* **reviendra** ton père ? / *Quand* ton père **reviendra-t-il** ? /
　Ton père **reviendra** *quand* ?
　＊英語の when に相当する疑問詞です．

021 *Jusqu'où* allez-vous ? / Vous allez *jusqu'où* ?
　＊「前置詞＋où」の形．

022 *Combien de* **photos avez-vous** prises à Paris ?
　＊数量をたずねる疑問詞．pris（過去分詞）の性・数一致にも注目．直接目的語 photos（女性名詞複数）が過去分詞よりも前に置かれていますから，prises となります．

§7 関係代名詞　p. 103

023 Connaissez-vous la dame *qui* parle à ma mère ?
　＊主格（主語）の関係代名詞 qui．先行詞は人でも物でもかまいません．

024 **La jeune fille** *que* **vous avez rencontrée à la gare** est la nièce de Jean.
　＊目的格（目的語）の関係代名詞 que．先行詞は人でも物でもかまいません．

025 Tu as des amis **sur *qui* tu peux compter** ?
   ＊先行詞が人で「前置詞 + qui」の形．compter sur ...「～を当てにする」．

026 Je connais un garçon ***dont* le père est avocat**.
   ＊dont = [le père] de ce garçon の展開．

027 Tu as déjà lu le roman ***dont* je parle** ?
   ＊parler de *qch.* の展開ですから dont を用います．

028 Indiquez-moi **le jour *où* vous arrivez à Paris**.
   ＊先行詞が場所・時を表す関係代名詞．

029 C'est un problème ***auquel* il n'avait pas pensé**.
   ＊先行詞が物で「前置詞 + lequel」のパターン．à + lequel は冠詞の縮約が起こります．

§8　人称代名詞・中性代名詞　pp. 103-104

030 **Prêtez-*moi* ce dictionnaire pour** deux ou trois jours, s'il *vous* plaît.
   ＊もし辞書を代名詞で受ければ Prêtez-le moi ... となります．

031 Tu as une jolie poupée．C'est ta maman **qui te *l*'a achetée** ?
   ＊「それを君に買ってくれたのはママなの？」が直訳になる強調構文．

032 Le temps passe vite : **pensez-*y***.
   ＊penser à ...「(忘れずに) 考える．覚えておく」で前文の内容を中性代名詞 y で受けた形です．

033 Il a vendu sa moto **pour *en* acheter une autre**.
   ＊une autre moto を中性代名詞で受けた形．なおこの pour は結果的に（前から後ろに）訳さないと内容が混乱しますのでご注意を．

   cf. J'ai acheté un croissant que j'ai mangé.
   「私はクロワッサンを買って，それを食べました」と前から後ろへ訳さないと意味不明．

034 Elle se croit intelligente, mais **elle ne *l*'est pas du tout**.
   ＊形容詞を受ける中性代名詞の le です．

> §9 **直説法現在** p. 104

035 Le temps, **c'*est* de l'argent**.
＊真理や格言・諺などは現在形で表されます.

036 Ma sœur *joue* du piano dans sa chambre.
＊英語の現在進行形に相当する時制はフランス語では現在形が包括します. ただしこのニュアンスを持つのは継続的行為を表す未完了動詞で arriver, partir, mourir といった完了動詞にはありません.

037 **Depuis combien de temps *habitez*-vous à Paris ?**
＊英語の現在完了（継続）「（ずっと）〜している」の意味ではフランス語は現在形が使われます.

038 Je *descends* au prochain arrêt.
＊確実（必定）の未来にも現在形が使われます.

039 S'il *fait* beau demain, **je partirai**.
＊実現可能な条件を表す展開です. 下記の条件法との違いに注意してください.
cf. S'il faisait beau, je partirais.
＊現在の事実に反する仮定を表します.
「晴れていれば，私は出発するのに」
S'il avait fait beau, je serais parti(e).
＊過去の事実に反する仮定を表します.
「晴れていたら，私は出発したのに」

> §10 **直説法複合過去** p. 105

040 **J'*ai laissé* la clé** dans ma chambre.
＊過去の行為・状態を表す複合過去の形. 蛇足ながら，オートロックになじんでいないと，ついこのうっかりミスをしてしまいます.

041 **Où *est*-elle *née* ?**
＊往来発着・移動といったニュアンスを持つ自動詞は〈être の現在形＋過去分詞（主語の性数に一致）〉の形で複合過去になります.

042 A quelle heure **est-ce que tu *t'es levé(e)*** ?
  * 代名動詞の複合過去には助動詞 être を使います．この文章は再帰代名詞が直接目的語ですので，その性・数に過去分詞が一致します．
043 **Nous *nous sommes rappelé*** cette histoire.
  * この文章の再帰代名詞は間接目的語ですので過去分詞の一致はしません．

§ 11　直説法半過去　p. 105

044 Quand j'*étais* enfant, **j'*allais* à la pêche** tous les dimanches.
  * 過去の習慣的な行為を表す例．
045 **Je *lisais* le journal dans le salon** quand ma mère est entrée.
  * 点的な出来事を表す複合過去に対して，その背景となる線的な過去を表すのが半過去です．
046 Il m'a dit **qu'il *avait* mal à la tête**.
  * 話法（時制照応）．過去における現在を表す半過去．直接話法は下記の文．
  → Il m'a dit : « J'ai mal à la tête. »

§ 12　直説法大過去　p. 106

047 Quand il est arrivé à la gare, **le train *était* déjà *parti***.
  * 過去のある時点を基準として，そのときすでに完了している動作・状態を表します．
048 A neuf heures du soir, **j'*avais* déjà *fini* mes devoirs**.
  * 同上．
049 Elle m'a dit **qu'elle *avait été* malade le mois** précédent.
  * 話法（時制照応）過去における過去を表す大過去．直接話法は下記の文．
  → Elle m'a dit : « J'ai été malade le mois dernier. »

§13 直説法単純未来　p. 106

050　Elle *se mariera* l'année prochaine.
　　＊未来の行為や状態を表します．

051　**Tu me *téléphoneras* demain.**
　　＊2人称主語で軽い命令や助言を表す表現．なお，確実な未来には現在形を，ほぼ確実であったり，意志が含まれるときには近接未来を用います．
　　→ 038
　　cf. Je vais acheter une voiture.
　　「私は車を買うつもりです」

§14 直説法前未来　p. 106

052　Quand **j'*aurai achevé* ce travail**, je **sortirai pour rendre visite à** Madame Dupont.
　　＊未来のある時点で完了していると予想される行為や状態を表します．基準となる未来の時点は一般に単純未来で表現されます．

053　**J'*aurai fini* cet article** dans trois jours.
　　＊副詞句（3日後）が基準となる未来の時点を表しています．

§15 条件法現在・過去　p. 107

054　Si j'avais du temps, **j'*irais* plus souvent au cinéma**.
　　＊現在の事実に反する仮定の典型的なパターン．

055　**A votre place**, je **ne *dirais* pas ça** comme ça.
　　＊現在の事実に反する仮定．なお仮定や条件は si 以外でも表されます．

056　Je *voudrais* vous dire un mot.
　　＊語気緩和・推測などを表す条件法．

057　Il m'a dit **qu'il *viendrait* me voir** le lendemain.
　　＊話法（時制照応）．過去における未来を表します．
　　→ Il m'a dit : « Je viendrai vous voir demain. »

058 Si vous m'aviez parlé plus fort, **je vous *aurais compris***.
　＊過去の事実に反する仮定の典型的なパターン．

059 Vous ***auriez dû*** **me prévenir**.
　＊devoir（条件法過去）＋ *inf.* で「遺憾」のニュアンスを表現しています．

060 **Si nous *faisions*** une promenade ?
　＊〈 Si ＋直説法半過去 〉で，願望・勧誘・危惧を表す言いまわし．

§16　接続法現在・過去　p. 108

061 Il faut **que tu *prennes* ce médicament** avant de te coucher.

062 Il semble **que la situation *ait* encore *empiré***.
　＊接続法過去の例．

063 Je crains **qu'il ne *neige***.　＊虚辞の ne．

064 Etes-vous sûr(e) **qu'elle le *sache*** ?
　＊061〜064 は主節が願望・意志・命令・否定・感情を表すケース，あるいは判断を表す動詞が否定形・疑問形で使われ従属節の内容が不確実なとき．

065 Mon grand-père travaille encore **bien qu'il *soit* très âgé**.

066 Parlez plus lentement **pour qu'on vous *comprenne***.
　＊065, 066 は目的・条件・譲歩などを表す接続詞句の後で接続法が使われる例．

067 C'est la meilleure **actrice que je *connaisse***.

068 L'homme est le seul animal **qui *sache* qu'il doit mourir**.
　＊067, 068 は最上級（あるいはこれに類する語）が主節中にある例．断定的な語調を緩和します．

§17　接続法現在・過去　p. 109

069 ***Ouvrons*** **les fenêtres** et ***respirons*** **l'air frais**.
　＊nous に対する命令．

070 ***Aime*** **la vérité, mais *pardonne* à l'erreur**.
　＊tu に対する命令．-es の g s h が省略される点に注意．なお，この例文は Voltaire より．

§18 分詞・ジェロンディフ　p. 109

071 *Étant* malade, elle n'est pas venue hier soir.
   ＊現在分詞を使った副詞的用法（分詞構文）.
   ＝ Comme elle était malade, …

072 Tout *en travaillant* sérieusement, il a échoué à l'examen.
   ＊ジェロンディフの例．tout を添えると対立・譲歩のニュアンスを強調します．

073 **Le printemps *revenu*, tout renaît à l'espérance.**
   ＊過去分詞を使った分詞構文（主節と従属節の主語が違います）．revenu の前に現在分詞〈étant〉の省略と考えられます．

§19 不定詞　p. 109

074 *Vouloir*, **c'est *pouvoir*.**
   ＊不定詞は名詞と同じく，主語・属詞・目的語などに使われます．

075 Aimez-vous *voyager* en voiture ?
   ＊aimer + *inf.* の展開．

§20 基本動詞の射程　p. 110-112

〈 être 〉

076 Je pense, **donc je *suis*.**
   ＊être の基本的な意味は「存在」のニュアンス．ここから多様な意味が広がります．

077 **Il *est* à Paris depuis deux semaines.**
   ＊人・物が「いる・ある」の意味．

078 *Avez*-vous déjà *été* à Grenoble ?
   ＊複合過去で「行く」のニュアンスを表します．

079 **Nous *sommes* au printemps.**
   ＊時間的な状態を表すために使われる être の例．

080 **A qui *est* ce briquet ?**
   ＊être à / être de の表現で「所属」「起源」などを表します．

⟨ **avoir** ⟩

081 **J'*ai eu* un gros** rhume.
 * avoir「持つ」は多彩な意味の含みを持ちます．なお，この例は attraper で書き換えられます．

082 Sophie ***a* les cheveux blonds**.
 * être を使って次のように書き換えられます．
 = Les cheveux de Sophie sont blonds.
 = Sophie est blonde.

083 **J'*ai envie de* voyager** avec toi.
 * avoir はさまざまな成句を作ります．
 → avoir envie de + *inf.*

084 **Tu *as l'intention de* voyager** avec moi ?
 → avoir l'intention de + *inf.*

085 **Vous *n'avez qu'à* attendre** ici.
 → n'avoir qu'à + *inf.*

⟨ **aller** ⟩

086 **Tout *va* bien**.
 * aller は「行く」だけの意味ではありません．

087 **Vous *allez porter* ce paquet** chez elle.
 * aller + *inf.* が「近い未来」ではなく命令のニュアンスを帯びる例（主語が2人称）．

088 Donnez-moi une cravate **qui *aille* avec cette chemise**.
 * aller には「似合う，調和する」の意味があります．接続法にも注意．

⟨ **venir** ⟩

089 Ce mot ***vient* du français**.
 *「来る」から発生・由来を表す表現を作ります．

090 Quand je suis entré dans la chambre, ma femme ***venait de* faire sa toilette**.
 * venir de + *inf.* で「近い過去」を表す例が半過去で用いられた形．

⟨ **devoir / falloir / pouvoir / vouloir** ⟩

091 **Vous *auriez dû* me faxer** ce texte.
 * devoir の条件法過去 + *inf.* で「～すべきだったのに」の意味．

092 **Nous *devons* nous lever** tôt demain.
  ＊意向・未来「〜するつもりだ：〜することにしている」の意味.

093 **Il *faut* deux heures pour** y aller.
  ＊il faut +時間+ pour + *inf.*「〜するのに(時間・期間)かかる」の意味.

094 **Elle *peut* avoir** trente ans.
  ＊可能性・推測を表す pouvoir.

095 ***Pouvez*-vous attendre** un peu ?
  ＊疑問文で依頼を表します. Pourriez-vous attendre un peu ?と条件法を使う方が丁寧な表現.

096 ***Voulez*-vous encore un peu** de café ?
  ＊相手にものを薦める表現.

097 ***Voulez*-vous bien venir** avec moi ?
  ＊人にものを頼む表現で「(相手が)意志を持つか持たないか」を打診します.

⟨ **faire** ⟩

098 **Je *fais* du jogging** tous les matins.
  ＊faire +部分冠詞+名詞（スポーツ・楽器・学問）など.

099 **Il *a fait* pleurer** sa petite sœur.
  ＊使役動詞「〜させる」.

100 Qu'est-ce que **vous *faites* ici** ?
  cf. Qu'est-ce que vous faites dans la vie ?
  は「あなたは何をなさってますか」と職業をたずねる形.

⟨ **prendre** ⟩

101 Qu'est-ce que **vous *prenez* comme dessert** ?
  ＊食事などを「取る，食べる，飲む」の意味.

102 **Ça m'*a pris* une heure** pour trouver ce livre.
  ＊prendre (à *qn.*) +時間（期間）「(主語は事物で)時間がかかる」の表現.

103 **On me *prend* souvent *pour*** mon frère.
  ＊prendre A pour B「A を B と取り違える（見なす）」.

著者

久松 健一（ひさまつ けんいち）

浅草生まれ．現在，明治大学で教壇に立つ．『英語がわかればフランス語はできる』（中国語版『懂英語就會說法語』），『ケータイ〈万能〉フランス語文法』や英仏・英西・英伊を扱った「バイリンガル叢書」ほか，これまでに語学書・参考書を中心に70冊ほどを執筆．『クラウン フランス語熟語辞典』，Dictionnaire Assimil Kernerman Japonais < japonais-français, français-japonais > など辞書類の編集，監修も行う．

［新版］ケータイ［万能］フランス語ドリル

著者	久松 健一
DTP	ユーピー工芸
印刷・製本	精文堂印刷株式会社
発行	株式会社 駿河台出版社 〒101-0062 東京都千代田区神田駿河台 3-7 TEL 03-3291-1676 / FAX 03-3291-1675 http://www.e-surugadai.com
発行人	井田 洋二

許可なしに転載，複製することを禁じます．落丁本，乱丁本はお取り替えいたします．

© HISAMATSU Ken'ichi　Printed in Japan
ISBN　978-4-411-00550-2　C1085

JCOPY <（社）出版者著作権管理機構 委託出版物>

本書の無断複写は，著作権法上での例外を除き，禁じられています．複写される場合は，そのつど事前に，（社）出版者著作権管理機構（電話 03-3513-6969，FAX 03-3513-6979，e-mail: info@jcopy.or.jp）の許諾を得てください．